未来のブランドのつくり方

川島蓉子
ｉｆｓ未来研究所所長

はじめに

この本を手にとってくださった時、「・ｉｆｓ未来研究所って何だろう?・」と思った方もいたのではないでしょうか。

未来に向けた暮らしにまつわる研究やプロジェクトを展開しているのが「・ｉｆｓ未来研究所（以下、未来研）」で、ｉｆｓとは伊藤忠ファッションシステム（itochu fashion system）の略称です。所長を務めているのは、私、川島蓉子。伊藤忠ファッションシステムに入社して三十五年。五十歳を過ぎてすぐの二〇一三年に「未来研」を立ち上げました。

掲げたテーマは「その未来に、私はいますか。」――百年先の遠い未来ではなく、自分が身を置いて暮らしていく今から地続きの未来について、さまざまな分野の人たちが混じって、おもしろい仕事を創っていけないかと考えたのです。

私にとってファッションとは、服＝アパレルを指すのではなく、世の中の潮流が最も早い段階で現象化するものを指しています。つまり「未来研」の活動は、衣食住遊知すべてにかかわっていく。暮らし全体の大きな流れを視野に入れながら、さまざまなクリエイターと一緒に、未来に向けたブランドや商品を創ること、強くすることをお手伝いしてきたのです。

とともに、次の世代にバトンを渡す場として、社内に限らず社外も含め、年代・世代・職業が異なる人たちとおもしろいことを発信する。それを、どんどんやって行きたいと思いました。

世に生まれて六年が経とうとしている「未来研」ですが、ここで立ち止まって、今までを振り返ってみることに——最初の思いがもっと広がっていくように、もっと前に進んでいくようにと願って、一冊にまとめることを思いついたのです。

こうやって見直すと、たった六歳の「未来研」はまだよちよち歩き。未熟なところも多々ありますが、そのどれもが何らかの夢を描きながら創ったものばかり。失敗やつまずきもあれば、喜びや嬉しさも詰まっています。

働くっておもしろい、働くって楽しいと実感しながら、この六年間、活動してきたと確認することができました。

いわゆるノウハウ本でも、即実践につながる本でもないのですが、これからの働き方や仕事の創り方について、迷っている人、悩んでいる人のお役に少しは立てるのではないかと思っています。読み終わった時、少し元気な気持ちになってもらえたら幸いです。

未来のブランドのつくり方　目次

②未来研はこんな仕事をしてきました　73

ブックデザイン　若山嘉代子 L'espace

①
未来研はこうして生まれました

→2012 会社で最後にやりたいことって何？

迷い続けてきた会社員人生

「最後にやりたいことは、何かありませんか」――これが、ｉｆｓ未来研究所を作るきっかけだった。

なぜ「最後」かと言えば、会社を辞めたいと話していたところだったから。五十歳を目の前にした私が、それなりに考えて切り出した話だった。

ただこれ、一大決心かというとそうでもない。私の四十代後半の仕事人生は、会社を辞めようかどうしようかと迷うことの連続だった。そして何十回も、会社と話し合いを重ねてきた。

対外的には、仕事と家庭を両立しているとか、会社員とライターを兼業しているとか、私に対するイメージは「バリバリ仕事する強い女」「何でもパーフェクトにやってしまうエネルギッシュな人」といったものが多かったようだが、本人にそういう自覚はまったくなかった。むしろ、仕事を続けていくことに、大きな不安と悩みを抱えていた。

そして、外から見られている自分と、自分が感じている自分との間に大きな隔たりがあることが、正直言って、あまり心地良くなかった。私はそんなに強くないし、しっかり者でもなく、せっかちでおっちょこちょいだし——そう見えていないのは、どこか無理をしているからでは。あるいは、あまり好きな言葉ではないが〝自己ブランディング〟ができていないのではと、嫌な気持ちにつながっていた。

だから、事あるごとに「会社を辞める」と言ってしまっていたのだと思う。そして辞めるからには、きっぱり仕事から手を引こうと思っていた。周囲から「独立すれば」と勧められたり、「起業するんでしょう」と聞かれることが多かったが、そんなつもりはまったくなかった。

独立や起業を考えなかった理由はいたってシンプルだ。謙遜でもなんでもなく、その力量が自分にないとわかっていたから。それに、伊藤忠ファッションシステムで手がけていたプロジェクトは、成果の出来不出来は置いておいて、おもしろいものばかりだったし、そもそも会社が好きだったから。つまり、今の仕事に物凄く不満があって辞めたいということではなかったのである。

それならなぜ辞めたいと言い出したのかと、不思議に思う人も多いかもしれないが、当時はぐちゃぐちゃに悩んでいて、自分の中でも整理がついていなかったし、こうだからこうなったと筋道だった経緯を語れるわけでもない。

ただ、今になって振り返ると、そういう状況に陥っていたのには、大きく二つの理由があったように思う。

不安とコンプレックス

ひとつは、会社員と物書きという「二足の草鞋《わらじ》」を履き続けることへの不安だった。

会社員か物書きか、どちらを選ぶかと言えば、書くことが大好きなので、こちらをやめるということはありえなかった。物書き業に専念した方がいいという思いが、心の中のどこかにいつもあったのだ。

夫や友人に相談すると、返ってくるのは「『二足の草鞋』を履き続ければいいじゃない」という言葉だった。「誰もがそう恵まれた環境にあるわけじゃないのだから、会社がNOと言わない限り、続けてみれば」「組織に身を置いているからできる物書き業もあるのでは」など、言われてみればもっともなことばかり。その瞬間は納得するのだが、時間が経ってくると、また「このままでいいのだろうか」という疑問が頭をもたげてきて、「どうしたら自分らしい仕事の仕方ができるのだろう」と悩んでしまう。情けない状態を繰り返していたのである。

会社を辞めたいと思ったもうひとつの理由は、自分の専門性に対する自信のなさだった。大学を卒業して、伊藤忠ファッションシステムという会社に入り、マーケティング的なコンサルティング業務を手がけて二十年余りが経ってはいたが、「〇〇の川島さん」と言える専門性がないこと――たとえば、マーケティングリサーチをやらせたら間違いないとか、商品開発や店舗開発でこれこれの実績をあげたとか、ブランド作りの分野で成功例があるとか、そういったものが何ひとつないのが負い目になっていた。

そんな状態で、よく三十五年も働いてきたと思われるかもしれないが、その時その時で、仕事はおもしろかったし、自分なりに工夫して、それまでとは違うやり方に挑戦してきたし、クライアントから「ありがとう」と言われたこともあった。それが、仕事の原動力であり、自分を支えてきたのだと思う。

また、専門性が身につかなかったのは、自分の性分にも理由があった。同じ仕事を三年とか五年続けると、何となく飽きてつまらなくなってくるのだ。マーケティング調査・分析でも、商品開発でも、プロジェクトを立ち上げる時に、新しい試みをクライアントと一緒にやってみる。それがうまくいけば、そのパターンを深めたり、広げたりしていくわけだが、そうなってくると、既に飽き始めている自分がいて、周囲に申し訳ないと何度思ったことか。それで、後輩に譲るという体をとってやめてしまう。そんなことを繰り返していれば、専門性が身につかないのは当たり前なのである。身から出た錆みたいなものだ。

なぜそうなってしまうのかというと、パターン化して繰り返すのは、気持ち的には安心できるのだが、ワクワクやドキドキが薄まっていく——それがたまらなくつまらないのだ。それも、向上心のたまものとか、成長したい願望といったかっこいいものではまったくない。単に、ワクワクやドキドキをもっともっと体験したいだけのことで、扉の先に何があるのか見てみたい、感じたい、やってみたいという好奇心が、子どもみたいに強い。もっと言えば、人としての分別に欠けているのかもしれない。

ただ、四十代の私はそこまで思いが及ばなかった。本当はひとつのことを究めるのが得意じゃないという自分の性分に。だから、専門性がないことに深いコンプレックスを抱きながら仕事していたのである。

物書きという新たな仕事

そんなところに、若い頃からやってみたいと思っていた物書き業が降って湧いたように加わった。それまでの仕事でも、雑誌に寄稿したり、ライターとして取材したりと、物書きに近いことは進んでやってきた。そこで知り合った編集者から、本を書いてみてはどうかと声をかけてもらったのである。

今、振り返ると、会社員であることや年齢に鑑《かんが》み、「素人が物書き業に挑戦しなくても」と〝大人の常識的な判断〟をしておかしくない状況だったと思う。ただ私は生来、「おもしろそう」と思うと、後先考えずに手を挙げてしまう悪い癖がある。

その勢いで「本を書いてみたいのですが、どうしたらいいでしょうか」と会社に相談したところ、「仕事に支障のない範囲であれば、特別にやってみてもいい。ただ社員なのだから、原稿料や印税は会社に納めるように」という条件付きで許可が下り、書き上げたのが『ビームス戦略』だったのだ。

昔からやってみたかったことが、四十歳を越えて実現するという喜びは、何にも代えがたいものがあった。日中の仕事に加え、早朝の物書き仕事が増えてもまったく苦にならなかった。いや、こんな自由を与えてくれる会社に、感謝の気持ちでいっぱいだったのである。

そして、『ビームス戦略』がそこそこ売れたことから、次の本、次の本と、出版社からお話をいただくようになった。もともとやってみたかったことなのだから、断る理由はまったくない。会社には「仕事に支障が出ないように気をつけるので、このままやらせてください」で通したのである。

ただ、会社の仕事、ライター業、家事、三つをやっていくことに、かすかながらも不安を感じ始めていた。

頭では、一冊目も二冊目もそうやって書いたのだから、できないことはないと自分に言い聞かせていた。一方、心の奥のどこかに、一回だけと思ってやるのと継続的にやっていくのはわけが違うのかもと心配している自分がいた。年子で産んだ二人の子どもは中学生で、小さい頃に比べれば手はかからないものの、大量の洗濯をはじめ、お弁当作りや夕食の準備、日々の買い物など、家事にかける手間暇はそれなりにかかっていた。

夜の九時に就寝して、午前三時に起床。六時くらいまで原稿を書いてから、洗濯や料理といった朝の家事を片付け、身支度して家を出る。昼間はオフィスで仕事をして、夜は早めに帰って家事をしながら家族と過ごす。それを繰り返す日常が身についてもいたし、嫌だったわけではない。

幸い、同居している義母も夫も、私が仕事していることへの理解があり、子育てや家事を一緒にやってくれた。会社の中では、子どもを産んで仕事を続けた第一号だったし、子どもが二人になっても続けた第一号だった。前例もなければ制度もない中で、何とか続けてきたものの、そこに物書きが加わることで、物理的にも精神的にも負荷がかかってくる。

周囲がいくら助けてくれても迷惑をかけているのは間違いないし、家では家族に負担をかけている。自分で選んだ道なのに、いろいろな役割をはたすことに疲れてもいた。結構せわしなくて、いつも時間に追われていたし、だんだん気持ちの余裕も減っていった。

そこには「現実から逃げたい」気持ちも混ざっていた。特別扱いされていることに対して、社内でよくない空気が流れてくる。忙しくて仕事から逃げ出したい気持ちも芽生えていた。

大半の仕事がそうであるように、やっていると問題が山積みになってくる。それらを全部放り出して、ゼロから再スタートしてみたい。そんな身勝手で弱っちい自分がいたし、仕事の不満を引きずり、家庭に持ち込んでいた。もともとが、ぱりっと潔い性分でなく、くよくよするところがあるので、夫や子どもたちに愚痴っているのは、自分にとっても家族にとっても楽しいことでないし、良くないと感じてもいた。

今、振り返ると、あんなに気負って「ちゃんとしなければならない」と思い込まず、別のやり方もあったと思うのだが、当時は、優等生でいようとする、否、いなければならないと妙にがんばっている自分がいて、それが素の自分を苦しませていた。

やっぱり、物書きに専念した方がいいのではないかと思ったのである。そうすれば、家を拠点に仕事ができて、家事や子育てにもう少し余裕が出るし、自分の気持ちもすっきりする気がした。

「二足の草鞋」を脱ぎたい！

そんなこんながあって、「辞めたいと思います」と最初に会社に切り出したのは、四十五歳の時だったと思う。当時の社長に時間をとってもらって、正直に自分の思いを話し、辞めたいという希望を伝えた。社長は、関西出身で明るくあけっぴろげ、はっきりとした物言いをする方だった。普段はせっかちなのに、私の身勝手な話を、冷静に、そして温かく受け止めてくれた。

「辞めたい」という言葉を受けて「うーん」と首をひねり、「それなら一年間限定ということで、会社に身を置きながら、執筆や講演を中心とした仕事に絞ってみる。会社のPR的役割を担ってもらえませんか」と言ってくれたのである。

つまり、プロジェクトから離れ、営業ノルマや部下の管理からはずれ、会社のPR的活動に専念する。具体的には、対外的な講演、寄稿、取材などに絞り、物書きとしての仕事を続けてみないかという提案だった。

そこまで譲歩してくれるのであれば、断る理由は何もない。というか、何だか申し訳ないと思いながら、「やってみます!」と答えたのは言うまでもない。ただ社長からは、「あくまで実験だから、問題が起きたり無理が生じたりしたら、変える可能性もあります。そのところを忘れないように」と釘を刺された。

一社員として給料をもらって働く以上、「責任と役割」を担うのは当たり前のこと。何もかも自由にやっていいわけではなく、自由を得るには、それなりにリスクを負う覚悟が必要だ。そこをビシッと言われたのだが、お調子者の私は、「物書きに専念できる」ということで、すっかり嬉しくなっていて、どんな条件がついてもいいと思っていた。こうやって「二足の草鞋を履いた仕事人生」は「一足の草鞋に絞った仕事人生」に決まったかに見えた。

ところがどっこい、「二足の草鞋」は脱げなかったのである。というのも、会社のPR的な活動をしていると、自ずと仕事の声がかかってくる。そうすると、私の「おもしろそう」という好奇心が動き出して引き受ける。もう部下はいないので、今度は社内でなく、社外のスタッフとチームを組んでプロジェクトを動かしていくのだが、これはこれでおもしろいのだ。

その道のプロの集まりだから、ミーティングで集まってぎゅっと話し合い、終わったらそれぞれの役割を果たす。からっとした仕事の進め方が私の性分に合っていたし、優秀なクリエイターたちとのかかわりは好奇心をおおいに刺激してくれた。

ただ、そうやって「おもしろい」と思ってやっているうちに、またまたキャパオーバーになっていく。そして前と同じように悩み出す。学習しないというか知恵がないというか、結局は自分が蒔《ま》いた種であり、誰のせいにすることもできない話である。

ということは、やはりバッサリと断ち切るしかない。つまり、会社を辞めるのが最良の策。ちょうど五十歳を迎えることだし、少し早いけれど定年と思えばいい。年齢のキリの良さが、気持ちの勢いに拍車をかけていた。「今度こそ」という決心は、きっぱりとついていた。

咄嗟に浮かんだ「未来研究」

それは二〇一二年の秋口のことだった。社長が代わったのを機に、改めて話をすることにしたのである。新任したばかりの社長も、唐突な切り出し方に、少し驚いたかもしれない。勤めて三十年近く経っている女性から、「辞めさせてください」と言われたのである。一方、先代の社長の時代から続いてきた、辞める辞めないの話なので、突然とはいえ、まったく心構えがなかったわけでもないのだと思う。

そして、会社の要望と私の要望の接点を、何とか見出そうと対応してくれた。いろいろと話し合う中で出てきたのが、冒頭に言われた「最後にやりたいことは、何かありませんか」だったのである。

そう言われた私は、はたと考え、咄嗟に思い浮かんだのが「未来研究」という言葉だった。私の大親友は、同期で入社した高田優子という女性で、現在は伊藤忠ファッションシステムのパリ所長を務めている。彼女とは何でも言い合える仲であり、ここまで綴ってきた一連の悩み事に対し、親身で温かいアドバイスをしてくれていた。

ちょうどその半年くらい前、パリに出張した時に、もろもろおしゃべりしている中で、「これから時代が大きく変わるから、未来研究みたいなテーマが大事だよね。会社の中にそういう部署を作ったらおもしろいんじゃないの?」と彼女が言い出し、「そうだね。物凄くおもしろそう」という会話を交わしていたのである。

「最後にやりたいことは、何かありませんか」と言われた私は、その時のシーンをありありと思い出した。高田さんの言うことだから間違いがないという強い信頼感が背中を押してくれた。

そして「未来研究みたいなことをやってみていいと言われるのであれば、ここで試してみたいです」と口にしていた。そんなことが実現するはずがないと思いながら——。

ところが「それは良かった。やってみてください」という答えが返ってきたのである。予想外だった社長の言葉にびっくりしながら、「こんなおもしろいことをやっていいなんてチャンスは、人生の中でそうあるわけじゃない。引き受けない手はない」と、生来の好奇心が動き出してしまった。

そして、未来研究を始めることを前提に、会社への残留を決めたのである。いくつになっても懲りないとはこういうことだ。

もちろん高田さんとのおしゃべりで、未来研究というテーマに興味は抱いていた。が、それだけのことで、何をどう研究するのか、どんな人とやっていくのか、どう仕事にしていくのか。もっと言えば、未来研究の目的をどこに置くのかなど、一切合財はまったく見えていなかった。やはりここでも「おもしろそう」と思うと、後先考えずに手を挙げてしまう悪い癖は健在だったのだ。

しかも、そういう時の私は、かなりワクワクしている。何かが始まる期待や予感の持っている魅力の虜《とりこ》になってしまい、もともと心配性なのに、その段階では不安も心配も全部吹っ飛んでいる。

てんでバラバラ、散発的にまとまりなく想像を巡らせるのが、物凄く楽しい。自分でも変わった性癖だと思う。

とにかく「やってみたい」が勝っていて、後のことは何とかなるに違いない。自分だけでなく、仲間でチームを作れば乗り越えていけるからと、安易に考えてしまっていた。

2012
知りたいのは「すぐそこの遠くない未来」

未来研究、始まる

早速、未来研究というお題のもとで、プロジェクトをスタートした。まずは、信頼できる外部スタッフに声をかけ、何度もブレストを行い、「ああしたら」「こうしよう」と話し合った。

はたから見えている私は、強いリーダーシップの持ち主のようなのだが、実はまったくと言っていいほどリーダーシップがないタイプ。皆の意見に触発されて、ようやく自分がやりたいことが見えてくる。幸い、応援してくれるメンバーがいるおかげで、これまで何とか仕事を続けてきた。今回も、そのやり方に則《のっと》っただけなのだが、お題が大きいので予想以上に難航した。

ただその時、私がやりたいと思った「未来研究」の土台として根づかせたいと思ったことは、今にいたるまで続いている。

ひとつは、「百年後の遠い未来ではなく、十年後くらいの未来を視野に入れ、さまざまな視点を混ぜて、私たちがこうしたいと考えるライフスタイルを描いていく」ということ。世の中には既に「未来研究」を掲げているところがたくさんあり、それぞれが実績を持っている。

私がやりたいと思ったのは、そこに入っていくことではない。というか、その領域なら先輩がたくさんいるわけで、あえて半素人が入っていく意味がないし、よほどの才がなければ独自性を発揮できないことはわかっていた。

一方、「未来研究」というテーマはさまざまな可能性を秘めている。たとえば、すべてのものは常に動いているわけで、この世の中に変わらないものはなくて、一秒後、一分後は違う空間であり、そこには違う自分がいる。一秒後だって未来、一時間後だって未来、一日後だって未来なのである。それくらい近い存在として未来をとらえ、その中での暮らしのあり方を考えていくのも「未来研究」のひとつと思った。

逆に三十年五十年先の未来を、今の私が考えてみても、三十年五十年先の自分がそこに喜びを感じるかどうかはわからない。生きているかどうかもわからない。だから「今やれることを十分にやる」しかない。つまり、今から地続きの未来のライフスタイルを考え、発信していくことが、私ができる「未来研究」ととらえた。

もうひとつは、〝自分事〟としての未来を考えてみたいということ。会社組織に所属していると、自分の目線でなく、クライアントの目線や、世間の目線を優先しがちなもの。そして、少しおおげさな言葉を使って、上から目線でものを言ってしまっている。それは、自分がかかわっていない〝他人事〟の目線だと、常日頃から居心地の悪さを感じていた。〝自分事〟にするって大事なんじゃないか。もっと言えば自分が参加する未来について、業種・業界、世代・年代、性別といった枠組みを超え、混ざりながら考えていく場があったらいいと思ったのである。

最初にやろうと思ったのは、未来研の根っこになる考えを「かたち」にすることだった。「かたち」にしようと思ったのは、私がやりたいと考えていることを伝えるには、文章だけじゃ無理という勘のようなものが働いていたから。何か他の方法を使ってやってみたいと思ったのである。

企業のブランド作りや、商品・売り場作りなどの仕事にかかわっていると、言葉の群れが並んでいるパワーポイントの企画書とよく出会う。何度もの会議を経て吟味された言葉だけに、まとまりが良く破綻はない。つまり頭では理解できる。しかしそれが、身体に響いてこないというか、心が動かないというか——具体的なレベルで腑に落ちてこないのだ。どういうブランドなのか、商品なのか、売り場なのかがわからない、イメージできないからだ。

長年にわたって仕事をしてきて、自分が良くないと思ったことはやらない方がいいというのが私の考え。だから、今回の未来研の根っこに置く考えは、人の身体に響いて、心を動かすものにしたいと強く思った。

そのためには、言葉も大事だけれど視覚も大事。ここで言う視覚とは、文章自体の文字のかたちや配置に加え、イラストレーションや写真などを組み合わせ、意図を最も効果的に伝えるデザインを施すこと。つまり、言葉と視覚を組み合わせた「かたち」を作ろうと考えた。

メッセージの誕生

いずれにせよ、まずは言葉ありきである。自分の考えを整理する意味でも、文章を作る必要がある。私が自分の思いを言葉にし、それをもとにして、アートディレクターに視覚化してもらうのがいいと考えた。

さて、アートディレクターを誰にしようかと考えた時、真っ先に浮かんだのが「キギ」の植原亮輔さんと渡邉良重さんだった。この二人とは、独立して「キギ」を始める前からのおつきあい。手がけた仕事が、たおやかでありながら強い芯を備えている。ロマンティックでありながら子どもっぽさに陥らない。しかも、ある意味ガンコといえる姿勢を貫きながら手を抜かない緻密な仕事をする。これはバッチリという確信のようなものがあった。

相談してみたところ、「喜んでやらせてもらいます」という嬉しい言葉。「わーい！」と飛び上がったのだが、続いて出てきたのは「川島さん、コピーライターをお願いしないといけないね」というひと言。これにはびっくり仰天だった。一応、私も物書きの端くれとして、自分の思いを込めた文章を綴ったつもりだったので、そのまま使ってもらえると思い込んでいたのである。ただ、「キギ」の二人は、コピーライターを立てて、これを書き直すという。自分の文章が使えなかったんだと落胆してしまった。

だが少し冷静になって考えてみると、「二人が言うのも、もっともなこと」と腑に落ちた。餅は餅屋であり、プロに任せた方が良くなるに違いない。それをプロとしての「キギ」の二人はよくわかっていた。それなのに、私はまったくわかっていなかったということだ。

そして、二人が最適と思うコピーライターの安藤隆さんにお願いすることにした。安藤さんと言えばサントリーの「烏龍茶」などを手がけ、昔から仰ぎ見てきた名コピーライター。私の言葉をお願いするなんておこがましいと思いながら、またまた動き出した好奇心が止まらない。「キギ」の二人とオフィスにうかがい、最初は乗り気でなかった安藤さんを、拝み倒すようにして巻き込んだのだが、それが大正解だったのである。

しばらくして、安藤さんから渡された文章を読み、心がぐらりと動くとはこういうことと体感した。私の思いを受け止めながら、豊かな詩情がどんどんと広がっていく――私の文章とは全然、全然、違ったからだ。

少し長いが、未来研を語るにあたってははずせないので、あえて全文に触れたいと思う。

これに触発された植原さんと渡邉さんは、言葉を最大に活かすデザインに仕立ててくれ、未来研のメッセージは生まれた。

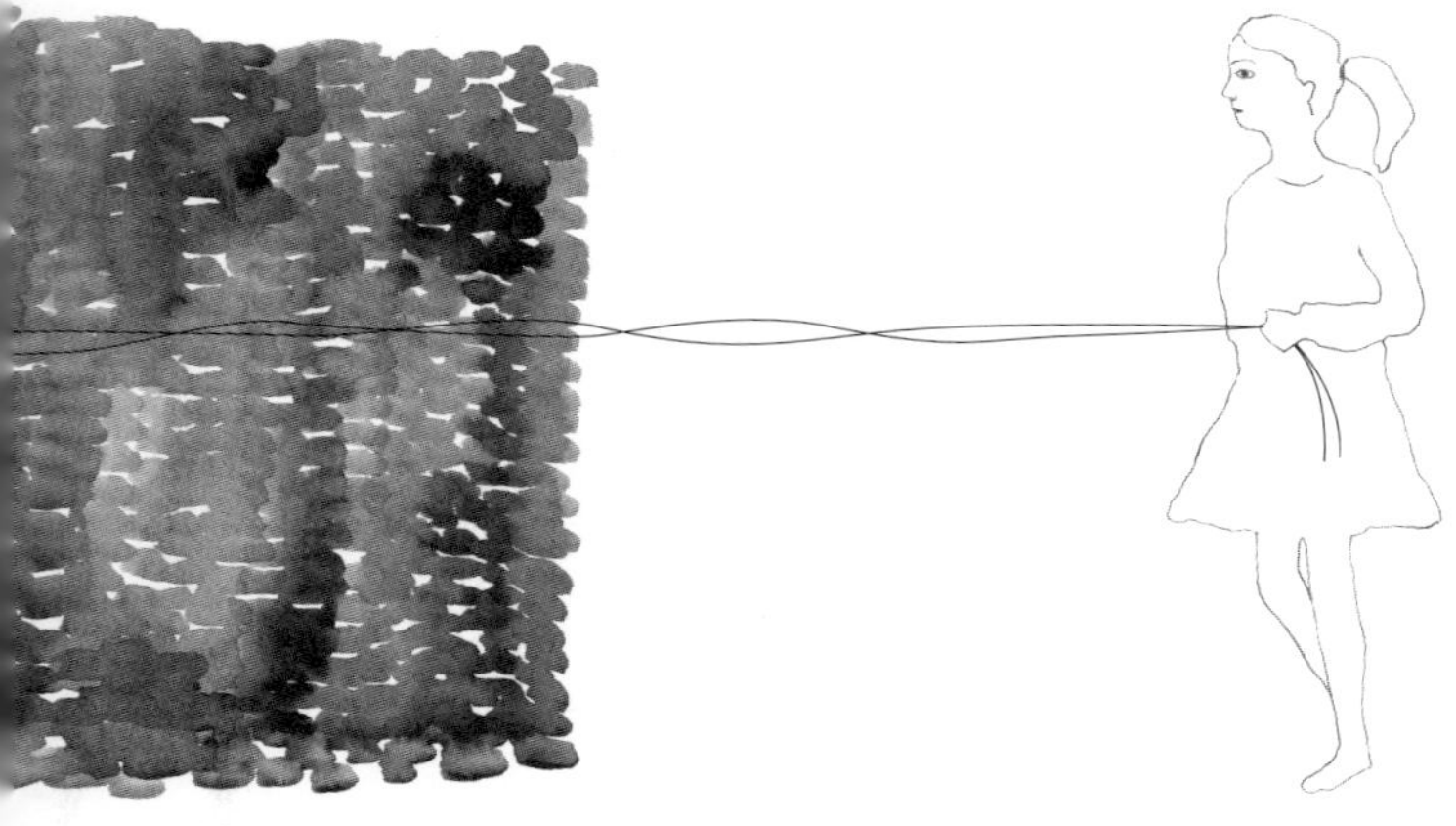

では、あさっての午後二時にね、
という未来について、想像した。

未来は二つあるように思います。
「私のいる未来」と「私のいない未来」です。

「私のいる未来」は、
私のまわりの、この匂いも、この温度も、
この湿気も、この柔らかさも連れてゆく、
この恋愛も連れてゆく、そんな未来のことを言っています。
きょうの、いまの、つづきにある未来です。
では、あしたか、あさってにね、という未来です。

でも人が未来を口にするとき、
多くは、もうひとつの未来のことを指していると思います。
きょうの延長線上にはない、
私からつづいているのではない未来。
ある日、丘の上の空に出現していた未来です。
こちらを「私のいない未来」と呼んでいます。

Illustration Yoshie Watanabe

こちらの未来は、もっと体を使わないことが、
もっと進歩であるというような未来です。
匂いも、湿気も、温度も、柔らかさも、
食欲も感じられませんが、
その未来には、数値化、分析化、計量化、未来図化、
その他もろもろ化できるという、
便利なところがあります。

だから企業は、おおむね「私のいない未来」のほうを、
未来として採用してきました。

でもほんとに、そうやって描かれた未来が、
人々の求める未来なんだろうか。
便利はたしかに未来の一部だろうけど、
未来って、もっと混沌たるものじゃないだろうか。

ある晴れたとても早い朝に、
川島蓉子は、そんなことを想像しました。

人が日々からはじめる、ささやかな物事から
はじめる未来は、企業とは無縁の未来だろうか。
そういう未来には、将来性がないのだろうか。
企業と、「私のいる未来」を組み合わせたら、
いったいなにが起きるんだろう。

たしかに「匂いも、温度も、湿気も、
柔らかさも連れていく未来」のとどく距離って、
ほんの近くまででしかないのかもしれません。
でも、それでいいじゃないの。
というより、それがいいじゃないの。
人間の体のゆきとどく範囲はちいさいのだから。
置き去りにしないことが、未来を考えるうえで、
これから大切だと思うのです。

川島蓉子は、企業の未来を、
こんな皮膚感から考えはじめるという考えについて、
大好きな人たちに意見を聞いてみました。

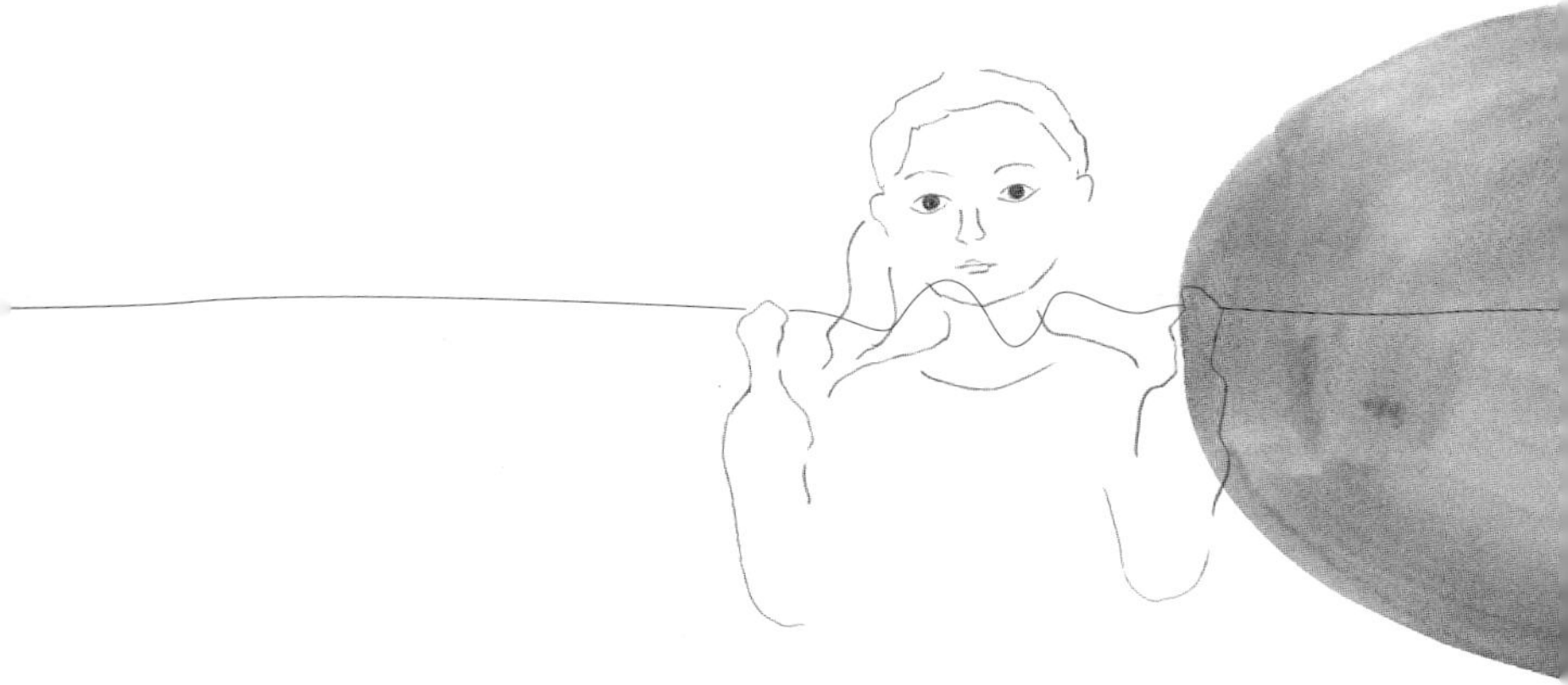

ほぼ水でできていて、すぐ破けてしまう、
薄い水袋としての人間を、忘れない未来。
日常の時間のつづきの未来を想像することは、
ひとりひとりで異なる幸福の想像力を
発動させることです。

企業よ、世界の未来について、
新しい想像をしようよ。
古い未来地図を壁からはずして、
遠くではない、ほんの近くを
いっしょうけんめい想像しようよ。

きょうから未来ははじまっている、
と思うのです。

きょうは未来だと思います。

ｉｆｓ 未来研究所

2013 人が集まり、つながり、楽しさが増えていく場

未来研、最初のプロジェクト

「未来研究」をしていくプロジェクトの名称は、「.ifs未来研究所」とすることにした。そして始動するにあたり、対外的にアピールする場のひとつとして、少し大きなお披露目会をやろうということになったのである。

場所は、リニューアルしたばかりの東京ステーションホテル。古き良き建築の魅力を活かしながら、未来に向けて生まれ出た場として、発表会にぴったりと考えた。

そしてパーティーは、同じく東京ステーションホテルの二階にできたばかりの「TORAYA

「TOKYO」で行うことに——知り合いをたくさん呼んで、わいわい賑やかにできれば。あそこならできるに違いないと妄想を広げた。

さて、次は何をやるかである。お披露目会と言っても、形式ばった記者発表みたいにせず、場を活かした楽しい時間を作り、来場する方々をもてなしたいと思った。「未来研って何だかおもしろそうという気持ちになってもらえる」出し物を用意しようと考えたのである。チームが心から「いい」と思える中身だったら、きっとうまくいくのではと思ってもいた。いや、そうでも思わなかったら、やったことがないイベントだけに、チームの気持ちも前に進まないと感じたのである。

そして、知り合いを誘ってみると、皆が「おもしろそうだから行くよ」と嬉しい答え。どんどん輪が広がっていくのをありがたいと思いながら、大きなイベントをやったことがないので、私の中では不安と緊張がうごめき出していた。

さて、どんな出し物を仕込んだか——まず開幕は、司会者の発声ではなく、いきなり未来研のメッセージの語りかけにした。大スクリーンに映像を流しながら、プロの語り手が舞台袖から登場し、生の声で来場者に語りかけたのである。

映像とともに流れる生の声が、空気を通して五感に伝わっていき、メッセージが心まで届くといいなという思いからだった。

また、私が「この人」とお願いした外部研究員と、企業の人が一緒になって、「未来に向けたものを作ってみる」プロジェクトに取り組んだ。具体的には、虎屋と「未来のお菓子」を、ポーラ・オルビスホールディングスと「未来の入浴剤」を作り、その過程を披露するとともに、現物をお土産にしたのである。

この手の仕事は、過去に手がけたことがあった。たとえば、軽自動車の内外装のカラーリングを外部クリエイターと作ったり、テレビや電話のプロトタイプを外部のプロダクトデザイナーと作るなど――。たいてい最初は、クリエイターが先生のような役割になり、現場の人は、その指示にしたがうことになってしまう。それでは一緒にやる意味がない。両者をフラットなかかわりにすべく、場をなごませたりかき混ぜたりというのが私の役割だった。

未来に向けて自由に発想を広げるクリエイターと、現場で真面目にモノ作りにエネルギーを賭してきた人とが組み合わさることで、化学反応のようなことが起きてくる。一度味わうとやめられない。そんなおもしろい仕事だった。

と言っても、こうすればうまくいくというノウハウがあるわけではないし、それなりに手間と時間がかかることでもあったが、私にとってはそれも含めておもしろい仕事だった。

コラボのお題は「未来」

今回はそれを、「未来」をお題にしてできないかという試みだ。

まず、虎屋と組んだ「未来のお菓子」は「日々の生活の中で気軽につまめる、必需品に近づける和菓子」を作ろうと考えた。和菓子は四季の移ろいとかかわりが深いことから「一日の光の移ろい」を前提に、「一日のながれの中で、ふさわしい食べ物を、ふさわしい時に。からだにもおいしい、未来の和菓子」をコンセプトにしたのである。

そして「一日のはじまりは、朝日の淡い光をイメージした『あかつき』」「お昼過ぎの糖分補給は『ひるつかた』」という風に、朝から夜まで、それぞれのタイミングで食べる五種類の和菓子「ひとひ」を作った。

「あかつき」は、糯米《もちごめ》の生地から、紅く染めた白餡の色がちょうどいい具合に透けて見えるように工夫したり、「ひるつかた」は、上は白いあわゆき、下は透明の琥珀《こはく》羹を組み合わせ、きっちりした直方体にするなど、アイデアを実現するため、どんな技術や道具を使えばいいか、虎屋の職人さんたちは知恵を絞る。それに対し、外部研究員であるクリエイターはこだわりを貫いていく――何種類も作っては検討を重ねたのである。難航しながらも緻密なモノ作りが重ねられ、結果的には満足がいくものができあがった。

もうひとつ、ポーラ・オルビスホールディングスと組んだ「未来の入浴剤」は、華やかで少しゴージャスなバスタイムを彩るもの――バスタブに入れると、発泡しながら沈んでいく「ロゼシャンパンのような色味と匂い」をめざした。

オイルと泡が同時に体験できることや、淡くほのかな泡が湧き上がるバスボムは、ポーラにとっても初めての試みだった。しかも、通常の商品開発なら何年もかけるところを、5カ月弱という超短期間でかたちにしなければならない。難題に対して、開発チームは何度も実験を繰り返し、使った時のシーンを検証しながら進めた。そして、大至急というハードルを何とか乗り越え、今までにないようなユニークな入浴剤ができあがった。

「儚《はかな》く淡い色、ブルガリアンローズを贅沢に使った香り、野バラの保湿オイル、細やかな炭酸ガスの泡。華やかさを楽しむ、少し未来の入浴剤」というコンセプトのもと、「バスオイルと泡」と名づけたのである。

二つのケースに共通していたのは、限られた時間の中で、意図を盛り込んだものを作りたいという研究員と、それを実現すべく技術や知恵を惜しみなく出してくる企業の人が、いい意味で一歩も引かなかったこと。緊張感がみなぎる場面もあったが、「良いものを一緒に」という気持ちが重なり、両者の合作によるおもしろい商品ができあがった。

この試みが、予想以上に良い出来ばえになったことが、その後の未来研の活動に影響を及ぼしていく。所長を務める私には、そういう意図がまったくなかったにもかかわらずである。

五百名が集まる大舞台

一方、「お披露目会」は、約五百名もの方々が集まってくれる大イベントになっていった。私が今までに経験したことがない規模である。

実は小さい頃から、人前に出ると緊張するところがあって、自分で「やろう」と決めたイベントなのに、日が近づいてくるにしたがい、物凄い緊張感とプレッシャーが迫ってくる。「失敗したらどうしよう」「うまくいかなかったら私の責任」と、自分で自分にプレッシャーをかけてさいなまれる。周囲に愚痴を言い続け、「大丈夫だよ」と言ってもらうことで、何とか日々を過ごしていった。

こうも大舞台になっていくと、何を着てどう装うかも重要なポイントだ。ファッションという看板を掲げた会社に身を置いているのだから、そこも表現手段のひとつとして一工夫しなければいけない。

実はこれ、普段の仕事の中でもやっていることで、「めくらまし作戦」と名づけている。大きなプレゼンや大物にインタビューする時、緊張してキリキリしている自分の気持ちをやわらげる意味もあって、あえて派手な格好をすることにしているのだ。あくまで礼を失しない程度に、でも、いつもの自分とは違う気分になれる装いに——そういう理由で新しい服を買いに走ることが何度あったことか。それを、この大舞台でもやってみようと考えたのである。

思いついたのは、未来研のテーマカラーであるオレンジ色を使った服とヘアメイクだった。服は、未来研オリジナルのオレンジ色のシャツの上に、白衣のような「研究員ウエア」をまとうことに。ヘアはオレンジ色のエクステンションを混ぜてもらい、まつ毛もオレンジ色に、もちろん頬紅やアイシャドウ、口紅もオレンジベースで「派手に」してもらった。

それでも開演前、舞台の袖で控えながら、ドキドキが止まらない。どうしようと思いながらの「いざ、開演！」は、照明がまぶしいのと緊張とで、観客の方々の顔さえ見ることができない。かたいかたい状態で口火を切ることになってしまった。

ところが、奥の方から「いよっ、川島！」とかけ声をかけてくれる方が――それをきっかけに、奥の方から前方にかけて拍手が広がり、会場全体を包んでくれたのである。人の手が生み出す音を通し、温かい気持ちがさざ波のように伝わってくる。会場にやわらかいエネルギーが充ちてくる。これはまさに、皆さんからの大きなエール。こんなに応援してくれているのだからと、少し気持ちがやわらいだ。そしてこうやって、いつもいつも周囲に助けられ、何とか断崖絶壁を切り抜けてきたのが私の人生だったと、改めて思ったのである。

スタッフが丁寧に準備してくれていたお陰で、演目は順調に進んでいった。冒頭に生まれたやわらかい空気が大きな助けになり、儀式がつつがなく進行していくというより、「次の演目がどんなものなのだろう」という観客の方々の興味が目に見えないエネルギーとなって、楽しんでいる雰囲気に包まれながら終了した。

やりたいことが見えてきた！

お披露目会のあとは、参加いただいた方々への感謝を込めた懇親パーティーへ。これも三百名近い人が集《つど》うという経験したことがない規模に――そもそもパーティーの意図するところは、知り合いと知り合いを紹介したい、つなぎたいということだったのだが、もはや手に負えない人数になっていた。

と言っても、もう手遅れ。会場はほぼ満杯の人だかりで、どこに誰がいるかもわからない。あそこに○○さんが、ここに○○さんがと気持ちははやるのだが、そこに行き着く前に、他の知り合いに会って立ち話に。そのうち、さっきの○○さんの姿が見えなくなっている。

これでは、ホスト役としての私の役割がまったく果たせない。どうしたらいいかと途方にくれ、呆然と全体の景色を眺めていた。すると、あっちで知り合いの経営トップの方が若手のグラフィックデザイナーと話している。こっちで大御所の建築家と女性のテキスタイルデザイナーが互いの知り合いを紹介し合っている——何やら皆が楽しそうなのである。

私が駆けずり回って、無理やりお引き合わせしなくても、自然とそうなっている。これはあまり心配することはないのかもしれないと思った。自分の肩にかかっていた「やらねば」という重さが、一気に軽くなったのである。

そしてパーティーは終了モードに——三々五々とお客が帰っていき、関係者一同で「お疲れ様!」と笑顔で言い合って、長い一日は終わった。立ちっぱなしだった身体も、ジェットコースターのように上下した心も、正直言ってもう何が何やらわからなくなっている状態。酔っ払ったような気分で帰宅したのを覚えている。

翌日から、参加いただいた方々にお礼の手紙やメールを出し始めた。一人一人にきちんとご挨拶ができなかったという思いを込めてのことだったのだが、早速、返信があり、「おもしろかった」「新しい出会いを楽しめた」「またやって欲しい」など、励ましの言葉をいっぱいいただけたのである。

半分は開店祝いのお世辞と思ってはみたものの、普段は決してお世辞を言わない友人からも「良かった」という声。半信半疑だったものが、徐々に嬉しさに変わっていった。

人が集まること、つながること、そこで楽しさがどんどん増えていくような場を作りたい。それが、私のやりたいことのひとつだと、心身で実感したのは、このお披露目会を通じてのことだった。

2014 未来研サロンの誕生

未来研の二つの仕事

お披露目会を終えた未来研は、いよいよ活動を開始した。そして仕事の中身は、大きく二つに分かれていった。

ひとつは、さまざまな企業からの依頼によるプロジェクト。新しい売り場や商品の開発を一緒にできないかという相談が入ってきた。

私の仕事はもともと、売り場や商品のマーケティング的なお手伝いをすることで、その延長線の依頼でもあった。ただ、私がこだわったのは、コンセプト止まりではなく、具体的なかたちにするところまで、いわゆる「DO＝やってみること」だった。リアルな売り場や商品にして、お客の反応を見るところまでやりたいと、図々しくもお願いしたのである。

では、どんなプロジェクトを手がけたのか――たとえば、銀座三越のインテリア雑貨売り場で行った「川島屋未来百貨店」は、未来研の視点で選んだ商品を、作る人の思いや使い方も含めて提案する期間限定の実験店舗だった。

また、私の生まれ故郷である新潟の第四銀行から依頼された百四十周年記念の広告プロジェクトは、創業の精神を土台に、第四銀行が百四十年以降の未来をどのように描き、社会とどうかかわっていくかを言葉とビジュアルで表現した。新聞やテレビの広告をはじめ、ウェブでの展開など、約一年間にわたって行ったのだ。

それぞれ外部とチームを組んで進めたのだが、いずれもが、未来研にとっても相手企業にとっても新しい試み。かたちにする難しさもいろいろあったが、それを上回るおもしろさがあった。

とともに、思い描いたものがリアルなかたちになると、具体的な手応えが出てくる――企画書のまとめでなく、「DO＝やってみること」で、反応を肌身で感じられたのは勉強になった。それは依頼した企業も同様で、「うちの社員が新しい経験をできて良かった」と言われることが、何より大きな収穫だった。

もうひとつは、自主的に行う研究や発信だ。建築家、デザイナー、マーケッターなど、異なる分野のプロとともに、研究を始めた。

掲げたテーマは「不便だけれど快適なもの」。効果効率を追い求め過ぎ、本来の豊かさが見過ごされているのではという問題意識から、「便利で快適なもの」ではなく「不便だけれど快適なもの」について、研究しようと考えたのである。メンバーがそれぞれの視点から、具体的な売り場や商品に落とし込むことを前提に議論を重ねた。

一方、私は物書きとしての発信を続けた。それまでの連載に加え、日経ビジネスオンラインで「『ダサい社長』が日本をつぶす!」という新連載をスタートしたのである。経営トップやクリエイターにロングインタビューし、Q&A方式で綴ることにした。

自分ではあまり自覚していなかったのだが、私の書くものは「かっちりしている」ととらえられていた。初めて会った人から「書かれた文章とご本人の印象が違います」と言われることが少なくなかったし、それが長年にわたって、自分のコンプレックスにもなっていた。

そこで新連載では、思い切って自分のキャラクターを出し、ざっくばらんでやわらかいスタイルで書いてみようと思ったのである。私にとって、未来に向けてのささやかな挑戦でもあった。ただ実際にとりかかってみると、なかなかスタイルを変えることができず、物凄く悩んだのだが――。

編集者の助けを得て、何とかできあがった原稿への反応は予想以上に良く、嬉しいことに一冊の書籍にまとめることが決まった。こういうやり方もあったのだと、自分で自分を発見することになったし、原稿に限らずトークショーみたいなものも、このやり方でやってみようと思った。

リアルな場が欲しい！

そして半年ほど経った頃のこと、私の中で、未来研としてのリアルな場を持ちたいという考えが芽生えてきたのである。

理由は二つほどあった。ひとつは、「人が集まること、つながること、そこで楽しさがどんどん増えていくような場を作りたい」という当初の意思を貫くには、抽象的な場ではなく、リアルな場が必要と思ったのだ。何かやると決まった時だけ、どこかのスペースを借りてもいいのだが、安定した拠点を持つことで、もっとやりやすくなるのではと感じていた。

もうひとつは、リアルな場を持って、未来研オリジナルのイベントを定期的に発信していきたいということだった。自由に使える場があれば、さまざまな展示やワークショップ、毛色の変わったセミナーなど、実験的な試みも行える――おもしろいモノやコトができたら楽しいに違いないと妄想をふくらませていた。

その思いは、日を追うごとに強まっていったのである。

しかし、場を持つと言っても、はたしてどこにして、どこから資金を調達するのか、人材はどうするのか――具体的な策がいっこうに浮かんでこない。つらつらと考えていたところ、ある日、知り合いから、デザイナーズウィークのイベントで、伊藤忠商事の隣にある「シーアイプラザ（現在はItochu Garden）」という施設を無料で借りたという話を聞き、「これだ！」と思ったのである。あそこなら、親会社である伊藤忠商事の持っている物件だから借りられるかもしれない。

早速、当時、伊藤忠商事の代表取締役社長（現・代表取締役会長ＣＥＯ）を務めていた岡藤正広さんに、「シーアイプラザ」の空きスペースを、未来研に提供してもらえないか、相談しようと思った。

とは言っても、家賃をタダにして欲しいというお願いごと。身勝手で虫のいい話であるには違いない。大胆そうに見えて、実は気が小さいのが私という人間——可能性が少しでもあるなら、失うものはないのだから言ってみればいいと思う自分がいる。一方で、やめておいた方がいいとブレーキをかける自分もいる。さんざんせめぎ合った末、言ってみよう、どう切り出そうかと考えた。

そしていざ、社長室に入って岡藤さんを目の前にすると、心臓が飛び出そうにドキドキして、緊張で固まっていくのがわかる。あれこれ練ってきたシナリオをすっかり忘れてしまい、「『シーアイプラザ』の空きスペースを未来研に貸してもらえないでしょうか」と、まるで芸のない直球を投げてしまった。能なし、知恵なし、技なしである。

ところが一瞬の間の後、岡藤さんは「ええよ、やってみなさい」と応えてくれたのである。「本当ですか？」と、その場でぴょんぴょん飛んで喜んでしまった。いい歳した大人が、社長の前で飛び上がって万歳するのも子どもみたいだと思いながら——。

これでバッチリいくはずが……

ただそこから、事はジェットコースターのように下り坂へ——もともと飲食店の複合ビルとして作られたのが「シーアイプラザ」。実際に使うとなると、何らかのかたちで飲食をやらなければならない。

また、家賃はかからないにしても、がらんどうになっている今の状況を、スペースとして使えるようにするには、数千万円レベルの内装費が必要になってくるし、光熱費をはじめとする運営費もかかってくる。人を常駐させておく必要があるなど、問題山積であることがわかってきた。

「やりたい！」という意思はあるものの、ノウハウも資金も人材もまったく当てがない。「何とかできないか」と乏しい知恵を巡らせてはみるものの、所詮、アイデアが希薄な人間なので、何も浮かんでこない。

そして行き着いたのは「プロに任せよう」ということだった。飲食や物販の専門企業に声をかけてみようと思ったのである。知り合いの企業を訪ね、何かを一緒にやれないかとお願いしてまわることにした。

ただこれも、「○○という目的を達成するために、こういう協力をしていただいて、それは御社にこういうメリットをもたらします」という明快な意図を抱いてのことではなかった。あくまで「何かおもしろいことを、この場を使ってご一緒しませんか」という漠然とした話である。

当たり前のことなのだが、まったく関心を示してくれない企業が多く、その度に落ち込んだ。売り込みという行為自体は嫌いではないものの、成功体験がないと、気持ちはどんどん萎《な》えてくる。「そもそも無謀な夢を抱いた自分がバカだ」とか「会社を巻き込んでしまったのに申し訳ない」とか、悪い方向にばかり頭が働いていき、出口が見えなくなっていった。

そんな時に助けてくれたのは、外部も含めたスタッフだった。「大丈夫だよ」「なるようになるからくよくよしないこと」など——人と一緒に仕事する良さは、こういうところにあると感じ入った。

そうやって周囲からの助けを得ながらジタバタ動いているうち、コクヨ、ポーラ・オルビスホールディングス、ルミネと、三社が参加を表明してくれた。ありがたい話である。

一方、伊藤忠ファッションシステムの社内では、リスクを負うことに戸惑いも出てきた。

そういう施設を運営したことがないし、その必要性もなかったのに、突然、私が言い出して動き始めてしまっている。どの組織もそうであるように、いわゆる保守派という人は存在するし、そういう人がいないと組織が成り立たないというのは、長年の会社員生活でわかってはいる。ただ私は、抵抗勢力があると変な反骨精神が働くところがあって「今こそ新しいことに挑戦するチャンス」と強硬に押し切った。

既に外部を巻き込んでいることもあり、会社も応援態勢をとらないわけにはいかないということで、「やってみればいいのでは」というモードに。が、実際のところは「またまた川島が、とんでもないことを思いついた」と苦笑いモードだったに違いない。

お調子者の私は、これでバッチリうまくいくと思っていたのだが、それは大間違いだったのである。

まず、どういう施設にしていくのかを考えようと、参加企業に集まってもらったのだが、これが大失敗だった。各社三〜五名ほどが出席したので、総勢三十名近くの大会議に。ほぼ全員が初めて顔を合わせるメンバーである。

人数が多くて知り合いでもない——そもそもの空気が硬いところに、「みなさんで何かおもしろいことをしましょう。どうしましょうか」と問うたからといって、「こうしたらどうでしょう」と自由な発想が出てくるはずがない。結局、まとまりがつかない話し合いに終始してしまい、不安気な表情で帰った参加者が大半ということに。「これは困った」状態に陥ってしまったのである。

気持ちは萎え、途方にくれてしまった。考えてみれば、すべての元凶は私にある。不甲斐ない思いが押し寄せてくる。

そして反省したのは、新しい参加メンバーに、もっと未来研のこと、私の思いについて、知ってもらわなければならない。そして、ある程度のプランを描いた上で、おもしろいかおもしろくないか、意見を聞いてみなければということだった。はやる自分の気持ちが先行していて、参加メンバーの気持ちを理解していなかったのである。

つまり、コミュニケーションの土台となる情報の共有をはかること、めざす方向を具体的に知ってもらうこと——出発点とゴールをはっきりさせないと、プロジェクトが進むはずはないと、ようやく気づいたのである。

そこから少しずつではあるが、ミーティングの空気はやわらいで動き出した。皆が納得する目的が、大きく二つのことに集約されていったのである。それは、企業がさまざまな実験を行いながら、人と人が交流する「おもしろい場」を作ること、さまざまな情報発信を行っていくことだった。

「おもしろい場」って何だろう

では「おもしろい場」とは何なのか——たとえば、新しい商品やサービスを実験してみること、地方の伝統工芸をはじめ、商品の意図するところを伝えること、クリエイターが作品を発表することなどが出てきた。

それも、一方的に展示する、見せるといったやり方ではなく、来て欲しいと思う人に声をかけ、主催者がきちんと説明する。場合によってはトークショーを行い、集まってくれた聴衆とディスカッションする。つまり、その場で意図を伝えて、直接、反応を汲み、確かなつながりを作っていく——そんな場をやってみることにした。

一方で、分野、世代、年代を超え、さまざまな人たちが交流できる場にもしようと考えた。いろいろな企業の人と話していると、「異業種の人と知り合う機会がない」「クリエイターとつながりたい」という声を耳にすることが驚くほど多かったからだ。

未来研のお披露目パーティーがそうだったように、経営者とクリエイター、フリーの人と企業人、東京の人と地方の人、異なる分野の企業の人同士など、新しい人と人のかかわりができ、そこからおもしろいことが起きてくればいい。参加企業同士も、深く広くつながって欲しいと心から思っていた。

テーマが見えてきて、一緒にやろうという空気ができてくる——簡単ではなかったが、それを丁寧にやったことが、今にいたる道を作ったと思う。

そして二〇一四年五月末、「未来研サロン」と名づけられたスペースがいよいよオープンすることに。ちょうど未来研がスタートして一年経ったタイミングでもあることから、お披露目イベントを行うことにしたのである。参加企業であるコクヨ、ポーラ、ルミネそれぞれも、独自の企画を組んでくれた。

コクヨは、オリジナルのオフィス家具を展示・提案するとともに、「野帳」という測量用の手帳をカスタマイズするワークショップを開催することに。ポーラは「きれいになってワクワクする」をテーマにした美容・サービスということで、メークやスキンケアなど、一人一人に合わせたワクワク体験を提供することにした。ルミネは、「未来の売り場」をテーマにした「LUMINE labo」を出し、アートインスタレーションとＤＪブースを設けることにしたのである。

ここまで来ると、気持ちはワクワクに向かっていった。そして、この意図を貫いていかねば、参加企業も含めたチームの信用がだいなしになると、ねじり鉢巻の気持ちになったのを覚えている。

……と、ここまで綴ってきて、「強い思いを持っていれば、夢は何とか実現できる」という教訓じみた話になっているのではと、少し心配になった。そういうことではまったくないからだ。

あれから五年あまりが経っているが、掲げた目標は、どれもまだ実現や達成はしていない。それどころか、一昨年は「シーアイプラザ」の改装にともなって家賃が発生することになり、格安にもかかわらず払える目処《めど》がまったくたたず、場がなくなるかもという危機的状況に陥った。

こういう時、一点突破的な活躍ができるといいのだけれど、私の場合はドタバタ大騒ぎして、それでも事が進まない。最後はもう破れかぶれになっていく。それでもなお、あきらめきれずにズルズル引きずっていく。周囲にはすこぶる迷惑な状況になっていくのである。

だが、そうこうするうち風が吹いてきて、事は何とか動き出す。そうやってピンチを切り抜けることができただけのこと。若い頃は、キャリアを重ねると、ある程度の経験をもとに、問題が起きてもスムースに解決できるようになるととらえていたのだが、私の場合、そうはならなかったのである。

あえて言えば、迷惑なまでのしつこさが、幸運の女神の「しかたないわね」というラッキーのおこぼれを誘ってきたのかもしれない。

2013-2018
ifs未来研究所レポート

2013.4
新潟第四銀行「創業百四十周年」プロジェクト

AD柿木原政広（10inc.）／D犬島典子（10inc.）／C李和淑（スプリング）

2013.5
「ifs未来研究所　お披露目会」開催

未来研を立ち上げるにあたり、東京ステーションホテルでお披露目会を、その後のパーティーを「TORAYA　TOKYO」で行いました。

お披露目会にご協力いただいた多くの方々

ポーラと作った入浴剤「バスオイルと泡」

虎屋と作った「ひとひ」

CDクリエイティブディレクター／ADアートディレクター／Dデザイナー／Cコピーライター／Pプロデューサー

川島蓉子の執筆活動

2013.4以前からのメディア連載

読売新聞　夕刊
「いま風　ごほうび」

日経ビジネスオンライン
「『ダサい社長』が日本をつぶす！」

日経ビジネスオンライン
「老舗に問うサステナブル経営の要諦」

月刊ブレーン
「デザインプロジェクトの現在」

2013.9

「マーチエキュート神田万世橋」ネーミング&ロゴ開発プロジェクト

AD佐野研二郎(MR_DESIGN)/C李和淑(スプリング)

mAAch ecute KANDA MANSEIBASHI

2013.10

「川島屋未来百貨店」三越銀座店で開催

未来へ伝えていきたい日常の品々を選んで売る実験的なお店を、期間限定で作りました。

食品から生活回りの雑貨まで、幅広くセレクト

プロジェクションマッピングでの提案も行った

2013.4

「エスプリ思考
エルメス本社副社長、
齋藤峰明が語る」
新潮社

2014.3

伊藤忠商事 コーポレートメッセージプロジェクト 始まる
↓102ページ

CD葛西薫（サン・アド）／CD山本康一郎（山本康一郎事務所）／AD・D岡本学（サン・アド）／C国井美果（ライトパブリシティ）／P脇達也（サン・アド）／編集・伊藤総研

2014.3

「SHIPS Days」ネーミング＆ロゴ開発プロジェクト

AD岡本学（サン・アド）／C国井美果

SHIPS Days

2014.5

「一周年ご報告会」開催

未来研の活動拠点となる「未来研サロン」のお披露目とともに、一年にわたって行ってきたプロジェクトを紹介するイベントを開催しました。

新しくできた「未来研サロン」を使っての初のイベント

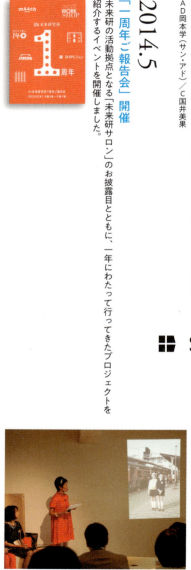

2014.7

未来研サロンオープン

「はたらくに、わくわくを！」というテーマのもと、コクヨ、ポーラ、ルミネが参加して、実験的な試みを行っていく場としてスタートしました。

ちょっと大胆な看板オブジェ

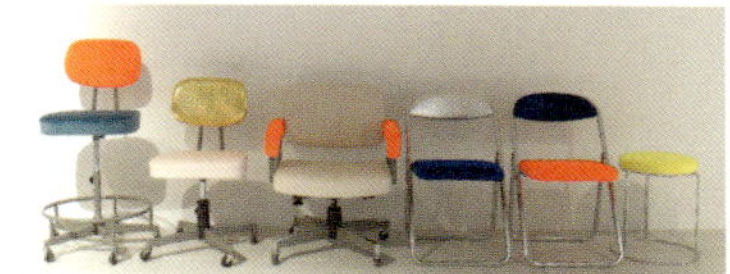
コクヨとコラボしたオフィス家具を配置

各社がこの場を使って実験的なイベントを開催

2014.7

第一回「みらいの夏ギフト」 伊勢丹新宿本店で開催

↓88ページ

日本古来のギフトである「お中元」を、未来に向けたギフトとして新しい息吹を与える、実験的な売り場とカタログを作りました。

2014.7

第一回「みらいの羊羹」 虎屋とコラボで開催

↓74ページ

未来に向けた羊羹の可能性を探るプロジェクトを、虎屋とのコラボレーションで行いました。

2014.7

「未来のおしゃべり会」始まる

↓118ページ

素敵なゲストをお招きして、おしゃべり感覚で話すイベント。集まってくれた方々と混ざっておしゃべりする交流の場をスタートしました。

2014.10

伊藤忠商事 コーポレートメッセージプロジェクト「無数の使命シリーズ6つの使命」

↓102ページ

CD葛西薫（サン・アド）／CD山本康一郎（山本康一郎事務所）／AD・D岡本学（サン・アド）／C国井美果（ライトパブリシティ）／P脇達也（サン・アド）／編集・伊藤総研

虎屋＆バカラとコラボした「みらいの宝石」。美しいグラスに新しいお菓子を盛り込んで

2014.10

未来研カーニバル「五感がおどるモノとコト」開催

未来研の秋のイベントとして、訪れた人の五感がワクワクするような、展示会やトークショー、ワークショップなどを盛り込んだイベントを行いました。

2015.4

伊藤忠商事　コーポレートメッセージプロジェクト「はじめての使命シリーズ」

↓102ページ

CD葛西薫（サン・アド）／CD山本康一郎（山本康一郎事務所）／AD・D岡本学（サン・アド）／C国井美果（ライトパブリシティ）／P脇達也（サン・アド）／編集・伊藤総研

2015.4

第二回「みらいの羊羹」虎屋とコラボで開催

↓74ページ

「不便だけれど、快適なもの」をテーマにした研究展示の数々　photo:Amazon Kajiyama

2015.5
「二周年感謝祭」開催

2015.7
第二回「みらいの夏ギフト」伊勢丹新宿本店で開催 ↓88ページ

2015.10
伊藤忠商事 コーポレートメッセージプロジェクト「ある商人シリーズ」 ↓102ページ
CD葛西薫（サン・アド）／CD山本康一郎（山本康一郎事務所）／AD・D岡本学（サン・アド）／C国井美果（ライトパブリシティ）／P脇達也（サン・アド）／編集・伊藤総研

2015.10
ルミネ 企業広告プロジェクト
AD柿木原政広（10inc.）／C国井美果

2015.1
「社長、そのデザインでは売れません！」
日経BP社

2015.4
「TSUTAYAの謎」
日経BP社

2015.6-
NTTドコモWEB
『美BEAUTÉ』
「川島屋百貨店」
〜未来は、きょうのお買物でできている

2016.3

新潟伊勢丹「NIIGATA 越品」プロジェクト

ＡＤ石川竜太（Frame）／Ｃ横田孝優（ザツダン）

NIIGATA
越品
EPPIN

新潟の良いものを紹介、提案

2016.3

「ルミネゼロ」ネーミング＆ロゴ開発プロジェクト

ＡＤ柿木原政広（10inc.）／Ｄ柿木原政広・犬島典子（10inc.）／Ｃ李和淑（スプリング）

2016.4-

ラジオＮＩＫＫＥＩ第2
「川島蓉子のひとひと話」

2016.4-

新潟日報
「ひとひと話」

2016.5
三周年感謝祭

「未来の学校」「未来のファッション」「現代の下駄を考える」の3つのトークショーを開催

2016.6
伊藤忠商事　コーポレートメッセージプロジェクト「伊藤忠の人と商いシリーズ」↓102ページ

CD葛西薫（サン・アド）／CD山本康一郎（山本康一郎事務所）／AD・D岡本学（サン・アド）／C国井美果（ライトパブリシティ）／P脇達也（サン・アド）／編集・伊藤総研

2016.8
第三回「みらいの羊羹」　虎屋とコラボで開催↓74ページ

2016.8

第三回「みらいの夏ギフト」 伊勢丹新宿本店で開催

↓88ページ

2016.12

「ニッポンの神ギフト」 ビームスジャパンで開催

ビームスと共同編集というかたちで、日本のギフトのあり方を見直し、未来に向けたギフトの提案を行いました。

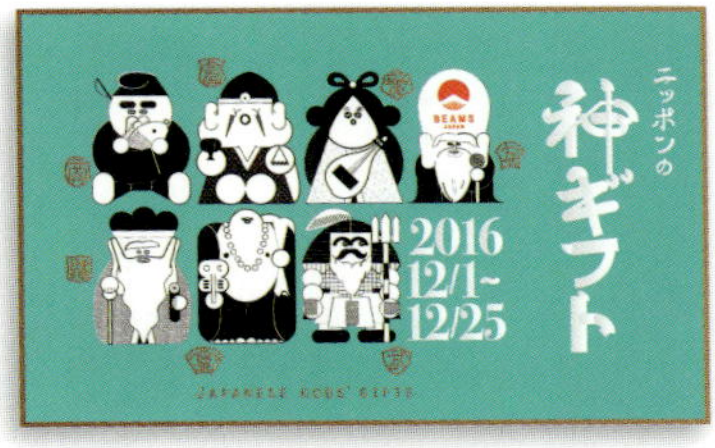

一緒に作ったキャラクターのオリジナル商品

楽しく賑やかな売り場作りを工夫

2016.10-

朝日新聞デジタル「&w」

「川島蓉子のひとむすび」

2016.10

「老舗の流儀 虎屋とエルメス」

新潮社

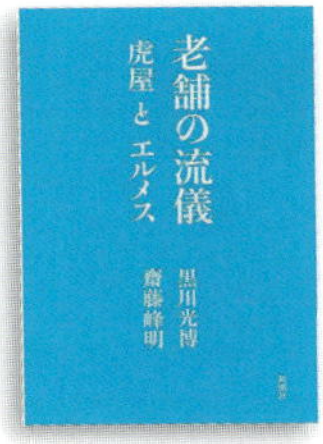

2017.4

伊藤忠商事　コーポレートメッセージプロジェクト「か・け・ふシリーズ」

↓102ページ

CD葛西薫（サン・アド）／CD山本康一郎（山本康一郎事務所）／AD・D岡本学（サン・アド）／C国井美果（ライトパブリシティ）／P脇達也（サン・アド）／編集・伊藤総研

2017.5

「四周年感謝祭」開催

2017.7

第四回「みらいの和菓子」　虎屋とコラボで開催

↓74ページ

働く女性たちの思いを語ったトークイベント

小ぶりのお菓子を詰め合わせた「ミニャルディーズ ボックス」

2017.4

「みらいをひらく、わたしの日用品」リトル・モア

2017.7-

日経XTREND「経営トップが磨く〝勘と感〟」

2017.7

第四回「みらいの夏ギフト」　伊勢丹新宿本店で開催 ↓88ページ

2017.8

「女性の明るい未来、男性の明るい未来とは」開催 ↓118ページ

女の人が明るく働くには、男の人も明るく働くこと。どうしたら働くことの嬉しさやおもしろさが生まれるのか、おしゃべり会を行いました。

2018.6

伊藤忠商事　コーポレートメッセージプロジェクト「社員は家族だシリーズ」 ↓102ページ

CD葛西薫（サン・アド）／CD山本康一郎（山本康一郎事務所）／AD・D岡本学（サン・アド）／C国井美果（ライトパブリシティ）／P脇達也（サン・アド）／編集・伊藤総研

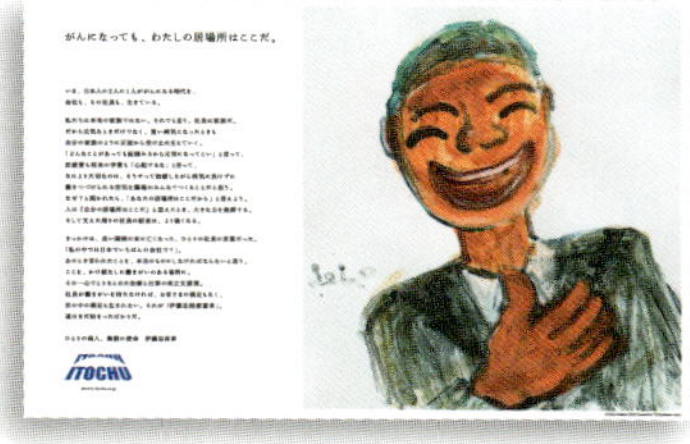

2018.5

「ルミネは、なぜ選ばれるのか？」

日本能率協会マネジメントセンター

2018.7
「Itochu Garden」ネーミング&ロゴ開発プロジェクト

AD永井一史（HAKUHODO DESIGN）／C李和淑（スプリング）

2018.9
「カタヤブル学校」開校

仕事の〝勘〟や〝感〟を磨いて、カタヤブリなことに挑戦してみたい人に向けた学校を始めました。

「カタヤブル」とは？ についてのトークショー

2018.9
ファミリーマート　企業ブランドプロジェクト

2018.10
「すいません、ほぼ日の経営。」

日経BP社

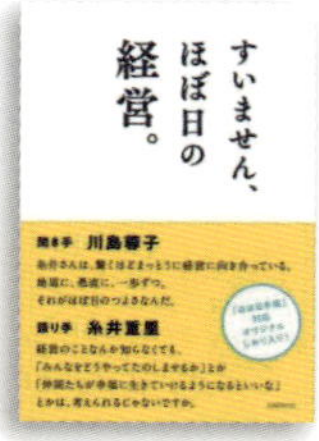

2018.9

ニュウマン新宿「10years favorite.」プロジェクト

スタイリスト　伊藤まさこ／ＡＤ福岡奈央子（ウーレン）／Ｃ李和淑（スプリング）

2018.10

「新装開店！　お披露目会」

未来研サロンがあった「シーアイプラザ」が「Itochu Garden」にリニューアルしたことから、少しお化粧直しをした未来研が新装開店しました。

「今から10年好きでいられるもの」をテーマにセレクトした

★「すみません！」の日々

期待に胸をふくらませ、伊藤忠ファッションシステムに入社したのは一九八四年のこと。男女雇用機会均等法が施行される前夜だった。会社は、外苑前の青山通りに面した一等地、ここでバリバリ仕事ができると、勝手に胸をふくらませていた。

ところが、与えられた仕事は、お茶汲みとコピー取りなど事務関連の雑務全般。さらに、伊藤忠商事の女子社員（こういう風に呼ばれていた）は、ユニフォームを着て仕事していたのだ。それも群青色のポリエステルのセミタイトスカートをはくのが決まりごと。上半身は私服だった。

当時、私は流行りの刈り上げショートカットに濃いメイク、真っ黒なデザイナーズブランドの服を着ていたので、群青色のユニフォームスカートをはくと、チグハグ感が半端じゃない。パッと見は、センスが悪い変わった女子社員とうつったのだろう。伊藤忠商事のおじ様たちから「パンク」とあだ名をつけられた。

でも、入りたい会社に入れたのだから、希望に燃えて目の前の仕事に取り組もうと思った。が、もともと私は、かなりおっちょこちょい——小学生時代、家にランドセルを忘れ、学校についてから気づくような間抜けなところがあって、事務関連の雑務仕事でも、それが災いになっていった。五部と言われたコピーを三部しか取らずに渡したり、タイプミスが信じられないほど多かったり、お客様に出すお茶をこぼしてしまったりと失敗続き。しかも、ビジュアル的には「かわいい」より「生意気」なのだから始末に負えない。一所懸命やっているつもりなのだが、せっかちな上司の期待に応えようと緊張してしまい、それが悪循環になっていた。

何をやっても「すみません」「申し訳ありません」ということばかり。そしてついに、上司からつけられたあだ名は「すみませんの佐野さん（私の旧姓）」。嫌味というより愛情が混ざっていたので、何とか救いはあったものの、結婚式の披露宴の席で、「実は佐野さんの愛称は『すみませんの佐野さん』で～」とまで言われ、爆笑をかったのは、今でも忘れられない思い出だ。私の二十代前半は、そそっかしいミス続きの日々だったのだ。

けれどそれを救ってくれたのは、「すみませんの佐野さん」と名づけた上司だった。厳しい女性だったが、叱る一方で、文章を書くチャンスを与えてくれたし、プロジェクトの一部も任せてくれた。もちろん、挑戦した結果に対する厳しさは半端じゃない。「使いものにならないわ」と書類を投げられたこともあったし、「まだできていないの」とせっかちな催促もひっきりなしだった。

でも、あの厳しさと愛情がなかったら、今の私はないかも。そう思うと「すみませんの佐野さん」が愛おしく思えてくる。

② 未来研はこんな仕事をしてきました

2013→
虎屋とのコラボ
「みらいの羊羹プロジェクト」

未来の羊羹の可能性とは？

未来研を立ち上げる際、虎屋にお願いしてオリジナルの和菓子を作ったことは、前に触れた。その時勉強になったのは、未来研が出したアイデアに対し、虎屋の職人さんたちが一瞬はひるむものの、次のミーティングまでに必ずかたちにしてくれたこと。そこには、約五百年に及ぶ歴史の中で受け継がれてきた技もあれば、途上で加わってきた技も入っている。アイデアをかたちにしようと、それらを総動員し、場合によっては新しい技にも挑戦してくれる。つまり、伝統の技にこだわり続けるのではなく、財産として活かしながらも新しいことに挑戦していく——こういう積み重ねがあってこそ、老舗の信用が築かれてきたと思ったのである。

「みらいの羊羹」～わくわくシェアする羊羹～のDM

一緒に作っていく過程もおもしろかった。和菓子には、見た目や味はもちろんのこと、香り、食感、季節感など、五感に訴えかける要素がたくさんある。どういう材料を使ってどう作っているか、その技のストーリーはどういうものかについて、職人さんの話を聞きながら、試食するのは楽しかった。「繊細な色味を出すのにそんなに手間暇がかかるのか」「あの華麗な姿形は手仕事で作られたものなんだ」などの発見があって、和菓子にまつわる文化と技術の深さ、それを尊重する虎屋の姿勢に感じ入ったのである。

そんなこともあって、機会があれば、またやってみたいと思ってはいた。それが二〇一四年の秋口、「和菓子を身近に感じるきっかけになるようなイベントをできないでしょうか」と虎屋から相談を受けたのである。六本木にある「とらや 東京ミッドタウン店」のギャラリーの企画展を一緒にできないかという話だった。それはお願いしてでもやりたいこと、断る理由は何もない。そうやって、このプロジェクトはスタートしたのである。

もらったお題は、「未来に向けた羊羹の可能性」ということだった。虎屋では、「おいしい和菓子を喜んで召し上がって頂く」という思いのもと、日常の中でも愛用されていく和菓子作りをめざしてきた。たとえば、一回で食べきれるサイズの小形羊羹や、従来のハーフサイズの羊羹など、さまざまな試みを行ってきた訳はそこにある。

今回のお題も同じ文脈上にあるのだが、できれば未来研として、独自性のあるコンセプトを立てたい。企画展を訪れてくれる一般の人に、そして虎屋の方々に、「おもしろい」「楽しい」と感じてもらえたら嬉しいと夢はふくらんでいった。

わくわくシェアする羊羹を作ろう!

「未来に向けた羊羹」と言っても、宇宙食みたいな未来でなく、暮らしと結びつき、日常の中で食べられる羊羹にしたい。そのためには、誰とチームを組むとベストなのかと、あれこれ思いを巡らせた。

一緒に作ることで、化学反応のような触発が起き、おもしろいものができていく――チームを組む過程は、私が最も好きな仕事でもある。

お願いしたのは、日本の布にこだわったテキスタイルのデザインを手がけている須藤玲子さ

『SHIMAMOYO』

ん、グラフィックの領域でロマンティックな世界を繰り広げている渡邉良重さん、日本を拠点に世界のショップやプロダクトのデザインを手がけているグエナエル・ニコラさんの三名――それぞれの方に、趣旨を話してお願いしたところ、快く引き受けてくれたのである。
まずは、三名のクリエイターとコンセプトについて語り合った。羊羹を食べる時はどんな気分なのか、どうしたらその魅力をもっとアピールできるのか――行き着いたのは、「大きなケーキを囲んで皆でわいわいする楽しさを、和菓子の世界で実現できないか」ということだった。
日々の暮らしの中で、洋菓子を取り巻くシーンは割合と華やかだ。友達とおしゃべりする、家族でお祝いする、知り合いが集《つど》ってパーティーを開くなど、何らかの楽しさや喜びと結びつ

『SUEHIROGARI』

いている。それに比べると、和菓子を食べるシーンは、お客様へのちょっとしたおもてなし、一人でゆったりしたお茶の時間という感じで、皆でわいわいといった雰囲気とは少し遠い。そこに可能性があるのではないか――なぜなら、未来の暮らしにおいて、人が集って顔を合わせ、一緒に楽しむ大切さは、もっともっと増えていくから。デジタル化が進めば進むほど、リアルに人と会ったり話したりして過ごす場が貴重になっていく。その時、集いの真ん中に羊羹があることで、「にっこり」できる場になるのではないかと、皆の意見が一致した。

決めたテーマは「わくわくシェアする羊羹」。〝みらいの羊羹〟を囲んで、魅力的なすがたに目をみはり、分け合いながら会話が弾み、場の楽しさに心が躍る。そんなシーンを思い描き、

『MONOGATARI』

虎屋に提案したところ、賛同を得ることができた。

アイデアをかたちにする熟練の技

そこからは、三名のクリエイターが虎屋の職人さんたちと羊羹の制作にかかった。

須藤さんが考えたのは、縞模様の布をかたどり、切り分けると、モダンでグラフィカルな縞柄が現れる羊羹だ。切り分けた時に現れる縞柄を上にし、円や四角いかたちに並べると、縞と縞がつながっておもしろい表情が広がっていく。その光景を楽しみながら味わう『SHIMA-MOYO』という名の羊羹にした。

ニコラさんが出したアイデアは、扇状に広がったスティックタイプの一口羊羹。気楽につまんでいただける、立食パーティーの席などにぴ

「とらや 東京ミッドタウン店」での展示風景

ったりの形状だ。これがテーブルの上に並んだら、華やかに違いないし、「いったい何なのだろう」と会話も弾む。扇形ということから『SUEHIROGARI』と名づけた。

渡邉さんが考えたのは、切り分けると物語が紡がれる羊羹。カラフルなパーツが入っていて、切り分ける場所によって異なる絵柄が現れる。透明なので、切り分けた一切れの手前と奥で、異なる絵柄が重なって見える。それを見比べながら、各人が思いついたストーリーをおしゃべりするのも楽しそう。ということで、『MONOGATARI』という名の羊羹にした。

ここでもまた、虎屋の職人さんが、アイデアをかたちにしていく過程がおもしろかった。『SHIMAMOYO』は、細かい縞の柄を作るため、十数回もの工程を踏んで羊羹を流し込まなけれ

会場構成は参加した３名のクリエイターが手がけた

ばならない。薄く均等に仕上げる試行錯誤を重ねた。何とかできあがったのだが、製品になるまで一週間ほどかかるという。精緻な手仕事が惜しみなく盛り込まれた一品になった。

渡邉さんの羊羹は、まず道明寺羹《どうみょうじ》という糯米《もちごめ》を使った霞のような半透明の羊羹を流し、その上に琥珀羹《こはく》と呼ばれる透明な羊羹を流す。そこへ、動物や女の子のかたちに型抜きした色とりどりの羊羹を配置して固めている。型抜きしたパーツが浮かび上がるよう、ちょうどいいタイミングをはかって作り上げるには、熟練した職人さんの勘どころが必要だという。

一方、ニコラさんの羊羹は、扇形のかたちをキープするため、干《ひ》羊羹というものを使うことにした。これは、少し乾燥させた羊羹のこと。表裏で絶妙に色が異なるデザインなので、二色の羊羹を流し合わせてから、型でひとつひとつ抜いて乾燥させ、扇形に仕立てている。

こうやって、色合いやかたち、味などについて、何度かミーティングを重ねながら、それぞれの菓子の完成度は高まっていった。

モノ作りが「これで良し」となってから、今度は展示方法の検討に入った。「わくわくシェアする羊羹」というコンセプトを表現するのに最適な見せ方・伝え方を考えなければならない。

これについては、ニコラさんがリーダーとなり、皆で意見を言い合いながら進めていった。

出てきたアイデアは、大きめの丸テーブルで、ぐるぐると回り続けている什器《じゅうき》。動きがあることで人の目を引くし、テーブルの周縁に照明を仕込むことで、中に並べたお菓子が美しく浮かび上がる。壁面には、羊羹を食べている人のイラストレーションを渡邉さんが描き、全体の空間構成はできあがっていった。

しかも、それぞれの羊羹を、虎屋の製品として期間中は販売することに——見るだけで終わらず、自分で食べてみる、人に贈れる商品にできたのは嬉しかった。

会期中は、実にさまざまな人が訪れてくれた。一人でじっくり眺めている人もいれば、数人でおしゃべりしながら見ていく人もいる。買って帰ってくれる人も見受けられる。その場でリアルな手応えがあったのはありがたいことだった。

羊羹の「みらいの食べ方」

そしてその後、もう一度「みらいの羊羹」を作ることになったのである。

今度は〝みらいのかたちや色〟ではなく、

〝みらいの食べ方〟だった。チームに加わったのは、バッグをはじめとする幅広いデザインを手がける松村光さん。「正直、羊羹はあまり得意ではない」ということから〝自分が食べたくなる〟視点を盛り込み、アイデアを出してもらった。

羊羹と言えば、少し厚めに切ってお皿にのせていただくのが一般的だが、もっとカジュアルに、もっとリラックスして食べられないかということから「生ハムのように薄い羊羹」を考えたのである。薄い薄い羊羹を、スナックやおつまみのように、パンにのせたりチーズと巻いたりして食べたらということで、虎屋さんが試作品を作ってくれて、皆で試食してみた。厚みが違うことで、舌ざわりがふわっと残り、甘みが多少薄くなって味わいも変わる——大きな発見があったことから、極薄の羊羹作りに挑戦することになった。

いろいろな方法を試した結果、最終的には二ミリ強の薄い羊羹ができあがった。一見するとシンプルなかたちだが、羊羹を同じ厚さで薄く削ぐには、職人さんの高い技術とかなりの集中力が必要だという。

黒色（黒砂糖入）と紅色（和三盆《わさんぼん》糖入）の二種類の羊羹を交互に並べて小箱に収めると、光が透けるほどに薄い羊羹が重なっている光景が魅力的。よく見ると、表面に線筋模様という凹凸が入っているのだが、これは、見た目の美しさと、はがしやすさを配慮してのこと。「どこでも手軽に羊羹を」という思いを込めて『NATSU NO TABI』と名づけた。

しかも、ここで終わりではなかった。

『NATSU NO TABI』

虎屋チームがさらに発想をふくらませ、「もっと大判のもの」にトライしたのだ。できあがったのは大きさが約二十センチ四方で厚さが三ミリほどの羊羹。表面の広さを活かして、マーブル柄を施したのだ。絵柄は二種類で、「紅×白」のものはバニラ風味、「黒×青」のものはラム風味と、味に工夫も施した。

繊細で美しい羊羹が、そっと薄紙に包まれて専用の箱に入れられた佇《たたず》まいは、スカーフのギフトのよう――フランス語でスカーフを意味するカレという言葉を用い、『カレ ド 羊羹』と名づけた。ファッションのような一品ということから、伊勢丹新宿本店の婦人服売り場で販売することになったのである。

ラグジュアリーブランドが軒を連ねる売り場の一画に『カレ ド 羊羹』が並んでいる。百貨

『カレド羊羹』

店としては異例のことだが、お客として見てみると、新鮮な驚きがあって違和感はない。上質で丁寧なモノ作りがなされていて、華やかさや美しさを備えている――暮らしの中で使うものとして、ラグジュアリーブランドと同等の価値があると改めて感じたし、訪れる人たちの反応にも似たものがあった。

もっと広げたい新しい試み

そして今にいたるまで、虎屋とのご縁は続いていて、後述する「カタヤブル学校」（224ページ）でも新しい取り組みをスタートしている。

一連のプロジェクトを通して学んだことは大きかった。

まずは、未来に向かって新しい試みを続けてきた先に、虎屋の約五百年に及ぶ歴史が築かれてきたということ。著名な老舗というところに安住することなく、知恵を出して技を磨き続ける、たゆまぬ努力があってこそ今があると感じ入った。

また、試みだからといって革新的なことを闇雲にやるのではなく、過去から現在にいたる軌跡を大事にしながら、未来を見つめている。奇抜さや斬新さを求めてジャンプするのではなく、時代の本質がどこにあるのかを見極めながら、どちらかというと慎重に歩を進めていく。

イノベーションという言葉が盛んに使われているが、本来的な意味でのイノベーションは、自分たちの歴史と存在をよくよく考えた上で、新しい方向へ向かうものであり、そうやすやすとできることではない。

その前に、今のお客様に喜んでもらうこと、暮らしの中で和菓子が息づいていくことに、惜しみない知恵と技を尽くし、良しと判断したことを着実に実行していく。革新というより、必然としてやっていく虎屋のいわば企業風土は、未来を考えていく時に、忘れてはならない視点と感じた。

虎屋の当主である黒川光博さんから聞いた「羊羹を世界へ」という話も心に残った。

「羊羹にはチョコレートと同じくらいの可能性があると思っているのです。五十年かかるのか百年かかるのか、それなりに時間はかかるのでしょうが、やり続けない限り、成就することはないし、そうやって歴史は作られてきたのだと思います。誰かを頼りにするのではなく、自らやっていかなくてはならないというくらいの強い意思を持つことが、物事を前に進めていくと

『ミニャルディーズ ボックス』

とらえています」。
　未来研が手がける仕事は、「その未来に、私はいますか。」を問いながら、明るく楽しい未来をかたちにしていくこと。それはまた、黒川さんの言葉にあった「誰かを頼りにするのではなく、自らやっていかなくてはならない」の精神と重なるところが大きい。
　未来に向かって、可能性があるモノやコトを発信し続けなければならない。この取り組みのように、似た価値観を持った企業や人と一緒になって、実験的な試みをもっともっと広げていきたいと思ったのである。

2014→2017
伊勢丹とのコラボ
「みらいの夏ギフト」

未来に向けたお中元を作ろう

小さい頃から百貨店に行くのが好きだった。〝よそゆき〟を着せてもらって〝おでかけ〟する。ひと通りの用事が済むと、大食堂でパフェが食べられるし、さらに特別な日は、何かを買ってもらえる。「大人になったら、もっと好きなものを買いたい」と憧れをかき立てられた。

東京に出てきて、百貨店の持っている豊かさをさらに強く感じるようになった。八〇年代の百貨店は、国内外のデザイナーズブランドの豪華なブティックを並べ、インテリアや生活雑貨の領域を広げ、美術館や映画館を併設して文化を発信する——新しいモノやコトの宝庫だった。「どこまで未来を豊かにしてくれるのだろう」と足繁く通ったのを覚えている。

みらいの夏ギフト

　それが、バブルがはじけて新しい世紀に入ったあたりから陰りが見え出した。景気が悪くなって売上が思うように上がらず、新しい試みを行う余裕がなくなっていったのだ。幼い頃から未来への夢を抱いてきた場だっただけに、「これは残念だし、もったいない！」と感じていたのである。

　中でも伊勢丹新宿本店は、『伊勢丹な人々』という本を書いた経緯もあって、特別な思い入れを持っていたところ。〝ファッションの伊勢丹〟として確固たる地位を築いていたし、百貨店が相対的に元気がない中、ワクワクして訪れる数少ない百貨店のひとつでもあった。だから、何か実験的な売り場を作れるならやってみたいと、密かに思っていたのである。

　それが、未来研を立ち上げて半年ほどが過ぎた頃、「お中元というギフトの習わしが減っているので、何か新しい提案ができないでしょうか」と相談がきた。二つ返事で、「やらせてください」と答えたのは言うまでもない。

早速、チームを組んでプロジェクトをスタートした。まずは、どういう考えのもとで「未来に向けたお中元」を提案していくか、いわゆるコンセプトを立てなければならない。

まずはチーム内でアイデアを出し合った。日本古来のギフトの習慣のひとつがお中元。でも、身近でなくなっているのはその通り。私自身もやらなくなっているし、会社を通してのおつきあいも減ってきている。のし紙を付ける付けないとか、送る時期はいつからいつまでとか、昔ながらの決まりごとに則《のっと》らなければならないのが、どこか面倒くささにつながり、「お中元」から遠ざかってしまったのだ。

一方、人に何かを贈る行為そのものが減っているかというとそうではない。「お世話になったから」「あの人の喜ぶ顔が見たいから」「ありがとうの気持ちを伝えたいから」といったように、何がしかの思いを込めるギフトは増えているし、それを選ぶのは楽しい行為でもある。

人から人へ、気持ちを贈るギフト、いわゆるパーソナルギフトは、未来に向けてもなくなりはしない。いや、もっと大事になっていくのでは——つまり、かしこまった儀礼ではなく、〝あの人〟への思いを込めた贈り物という切り口なら十分にあり得ると、意見がまとまっていったのである。ただ「お中元」という言葉に、どこか堅苦しさが漂っていることから、新たにネーミングを考えることにした。そして、贈る人も贈られた人も、明日の未来について心がワクワクするギフトになればという思いを込め、「みらいの夏ギフト」と名づけたのである。

ジャンルを超えたチーム結成

それとともに、伊勢丹新宿本店側のチームも結成された。部署を超えたプロジェクトということで、さまざまな役割を担っている社員二十名ほどが参加する規模に。しかも、普段の仕事をしながらこのプロジェクトに携わるということになった。ただでさえ忙しい時期で、各人への負荷が大きくなってしまったことと思う。だが、チームの中に一人、新しいことをやってみたいというリーダー的存在がいて、場を引っ張ってくれたのが非常にラッキーだった。

そして具体的に、どういう場でどういう商品を揃えるのかという段階に、話は進んでいった。そもそも百貨店とは、暮らしにまつわるあらゆるものを扱っている場。分野を超えて、未来の暮らしに豊かさを添えるものを揃えたら、何やら楽しいことになりそう——未来研チームから、「空間」「時間」「体験」など、ちょっと未来的な視点を盛り込んだ商品を、伊勢丹新宿本店の一階中央にあるプロモーションスペースにぎゅっと集めて見せることを提案した。売り場となる空間や、販促ツールのデザインも楽しいものにしたいというアイデアも含んでいた。

一般にはあまり知られていないかもしれないが、百貨店は売り場ごとに管轄部署が分かれている。だから、デパ地下のお菓子をインテリア雑貨売り場に置く、あるいは一階の化粧品を婦人服売り場に置くことは基本的にあり得ない。

長年にわたってできてきた百貨店の仕組みであり、変えた方がいいところもあるのだが、縦割り組織の弊害と同じで、なかなか改善することができない。

だから、チームが提案したように、分野を超えた商品を全館から集めて一階で売るというのは、かなり難易度が高い。否、ほとんど不可能に近いとわかってはいた。

一方、顧客の視点から見れば、百貨店にはいろいろなものがあるのだから、フロアを超えて集めたものが一堂に会したら、ワクワクする暮らしや、少し豊かな未来を想像できるに違いない。そしてそこに、百貨店の未来の可能性があるのではないか——そんな確信のようなものを抱いていた。

しかもこのプロジェクトは、伊勢丹にとっても未来研にとっても実験的な試みであり、期間も限られている。無理を承知で挑戦できないかと思ったのである。

伊勢丹チームに提案したところ、おもしろがって「やってみよう」という人と、「そんなことがはたしてできるのか」という人に二分された。既存の常識を破って新しいことをやるのはワクワクする反面、失敗した時の心配もつきまとう。私の場合は、ワクワクが心配をはるかに超えているので、ほとんど気にならないのだが、みんながそうであるわけがないし、世の中全体から見れば少数派だと思う。

しかし未来を考える時、やっていないけれど可能性があることは、小さな実験と思ってやってみればいい。そこで手応えがあれば少しずつ広げていくという手もある。丁寧に話し込んで、

「みらいの夏ギフト」のコンセプトと商品を紹介した冊子を作製

期間も場所も限定であることを前提に、「やってみよう」となったのである。

それぞれの商品にストーリーを

では、「空間」「時間」「体験」を贈るというコンセプトのもと、どんな商品を取り上げたのか。たとえば「とらや」と「バカラ」のコラボレーションによるオリジナル商品もそのひとつ。美しいカットが施された「バカラ」のグラスに、キラキラ光る「とらや」の特別なお菓子を盛り込み、五種類のお菓子が入ったグラスごと、ギフトに仕立てた。しかも、夏のギフトではあるものの、今回のイベントでオーダーを受けておいて、実際の商品は秋口に届くというもの。「みらいの宝石」と名づけた一品に〝時差のあるギフト〟という試みを盛り込んだ。

また、昔ながらの蚊取線香「金鳥の渦巻」を、「ミナ ペルホネン」のデザイナーである皆川明さんが一工夫した商品に——レトロ感が漂うお馴染みのパッケージデザインから色を取り去り、中央にある紅い雄鶏だけが紅色のまま——新鮮でチャーミングな佇まいで、誰かに贈るついでに、自分もひとつと欲しくなるものができあがった。

また、「ハイアットリージェンシー箱根リゾート&スパ」の日帰りプランと宿泊プランをはじめ、家事代行のギフト券、SNS用プロフィールのギフト券など、体験を贈るものも盛り込んだ。

とともに、それぞれの商品にまつわるストーリーを、小さなブックレットにまとめることに。「みらいの夏ギフト」の考え方をはじめ、どう

もの説明だけでなく、贈り贈られたらどんな気分になるかについて、写真入りで紹介した

してそれを選んだのか、贈る相手にどんな思いを込めるのかといったことを伝えるため、そういうツールは絶対に必要と考えてのことだった。時間がない中、チームが一体となって大速攻で進め、出来ばえの良いものに仕上がった。

　その冒頭に、このプロジェクトのコンセプトが言葉になっている。未来研の考えがぎゅっと込められているので、あえてここで全文を掲載する。

夏を贈りましょう。
ギフトで夏の思い出をつくりましょう。
ルールや手順を飛び越えて、
贈りたい気分で
ウキウキしましょう。
おもいやりを大切に、

常識からは自由になって。
贈りたいひとに、
今まで贈ったことのないものを。
お友達に。おじいちゃんに。お孫さんに。
奥様に。大好きな人に。
空間を贈ったら？　時間を贈ったら？
体験を贈ったら？　どんな顔をするでしょう。
開けた瞬間、元気になれるものを
全力で考える楽しさは、クセになるかも。
この夏の贈り物が、
ちょっといいみらいを
つれてくるかも、しれません。

そして、いよいよオープンである。私は、ショップを作ってヒットさせた経験があるわけでも、百貨店の販促イベントを大成功させたこと

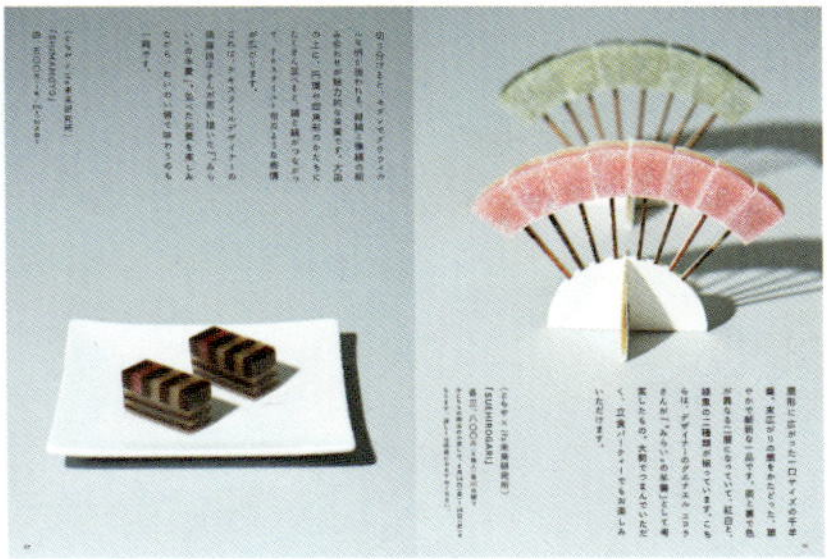

虎屋と未来研が作った「みらいの羊羹」も紹介、販売した

があるわけでもない。

実績がまったくないのに、ここまで漕ぎつけることができたのは、ひとえに未来研チームと伊勢丹チームがぎゅっと一緒になれたから。そして、そこをつないだのは、未来への試みに対するワクワクだった。受け手としての顧客が、売り場や商品にワクワクを求めるように、送り手としてのチームも、仕事にワクワクを込めることが大事と改めて感じてもいた。

初日は早朝から記者会見を行い、十時半になると、お客様が入ってくる。はたして売り場に来てくれるのか、何か買ってくれるのかと心配で、なかなか売り場を離れることができなかった。

何度も会場を訪れ、売り場の人に様子を聞きながら、お客の一人として知り合いにさまざま

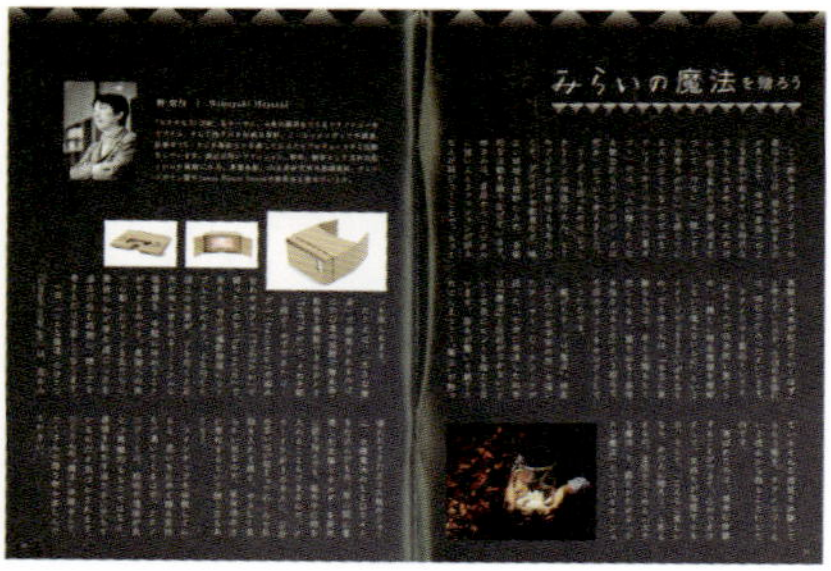

なものを贈った。いつ行っても、さすが伊勢丹新宿本店の一階だけに、幅広い年齢層の人が訪れている。お店の人の説明を聞いて「ふむふむ」と頷いている人もいれば、いくつかの商品を手にしてレジに並ぶ人もいる。一方で、さっと眺めただけで出ていく人もいる。「みらいの夏ギフト」という考え方や、ひとつひとつの商品を贈るストーリーを広く伝えることが予想以上に難しいのが、肌身を通して伝わってきた。

さて、結果はどうだったのか——正直言って、爆発的なヒットがあったわけでも、世の中で大評判になったわけでもない。ただ「みらいの夏ギフト」というコンセプトに対して、おもしろがってくれる人、いいねと言ってくれる人は確実にいた。チームが考えて実行したことが間違ってはいなかったという事実は、心配性な

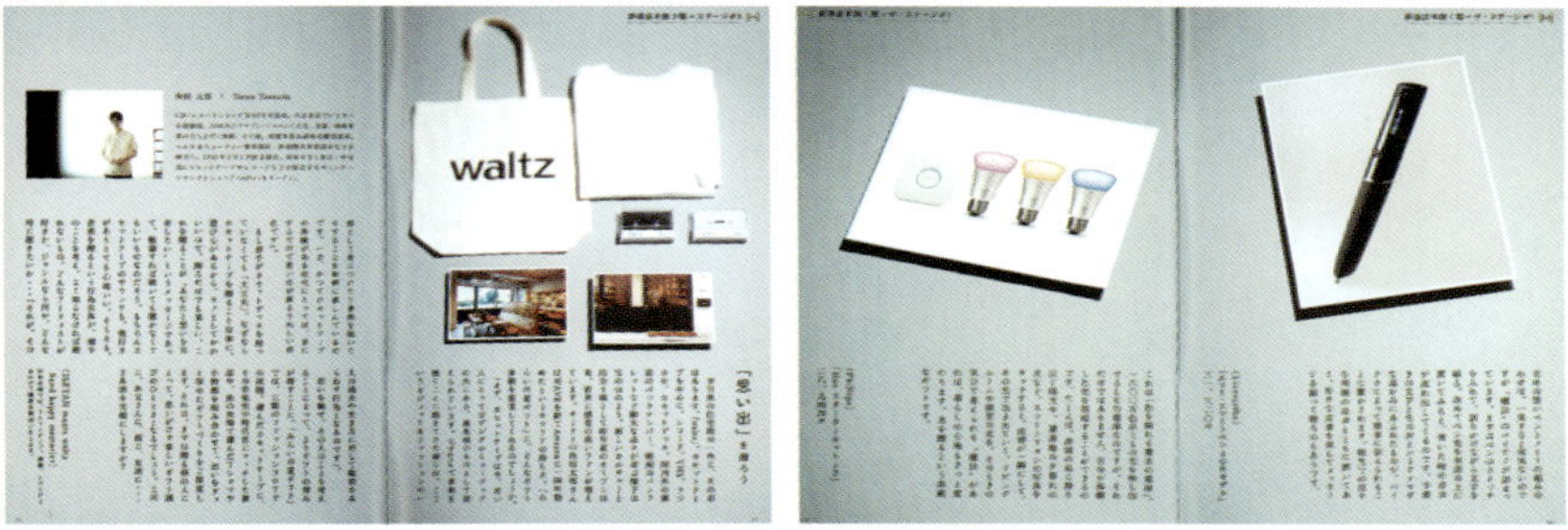

「みらいの魔法を贈ろう」と題して、新しいテクノロジーを盛り込んだものを紹介、販売した

私に少しの安堵感をもたらしてくれた。

そしてこのイベントは、それから四年にわたって続けられた。あくまで当初のコンセプトを貫きながら、前年の反省を踏まえて「もっとこうしよう」「ああしよう」と意見を盛り込み、新しいかたちを模索していったのである。

未来の百貨店のあり方

振り返れば「みらいの夏ギフト」に賭した思いは、パンフレットの前文に記した「ルールや手順を飛び越えて、贈りたい気分でウキウキしましょう。」と「この夏の贈り物が、ちょっといいみらいをつれてくるかも、しれません。」にすべて込められている。

お中元という言葉にまつわる昔ながらのルールや手順が煩《わずら》わしそうというハードルを下げ、

第3回「みらいの夏ギフト」2016年8月に開催

ウキウキした気分になれること。それが、ちょっといい未来をもたらしてくれるというアイデアに対し、ささやかながらも成果を残すことができた。

そこには、未来の百貨店のありように対するヒントもあったと思う。ひとつは、「とらや」と「バカラ」を組み合わせるなど、使い手の視点から見てワクワクできるモノ作りには可能性があるということ。もうひとつは、従来のフロア構成の枠組みを超え、あるコンセプトにもとづいてライフスタイルを表現する余地は十分にあるということ。そこを、未来研の発想をもとに、チームでかたちにしたのが「みらいの夏ギフト」だった。

伊勢丹に限らず多くの百貨店は、未来のあり方を模索し続けている。が、従来のルールを変

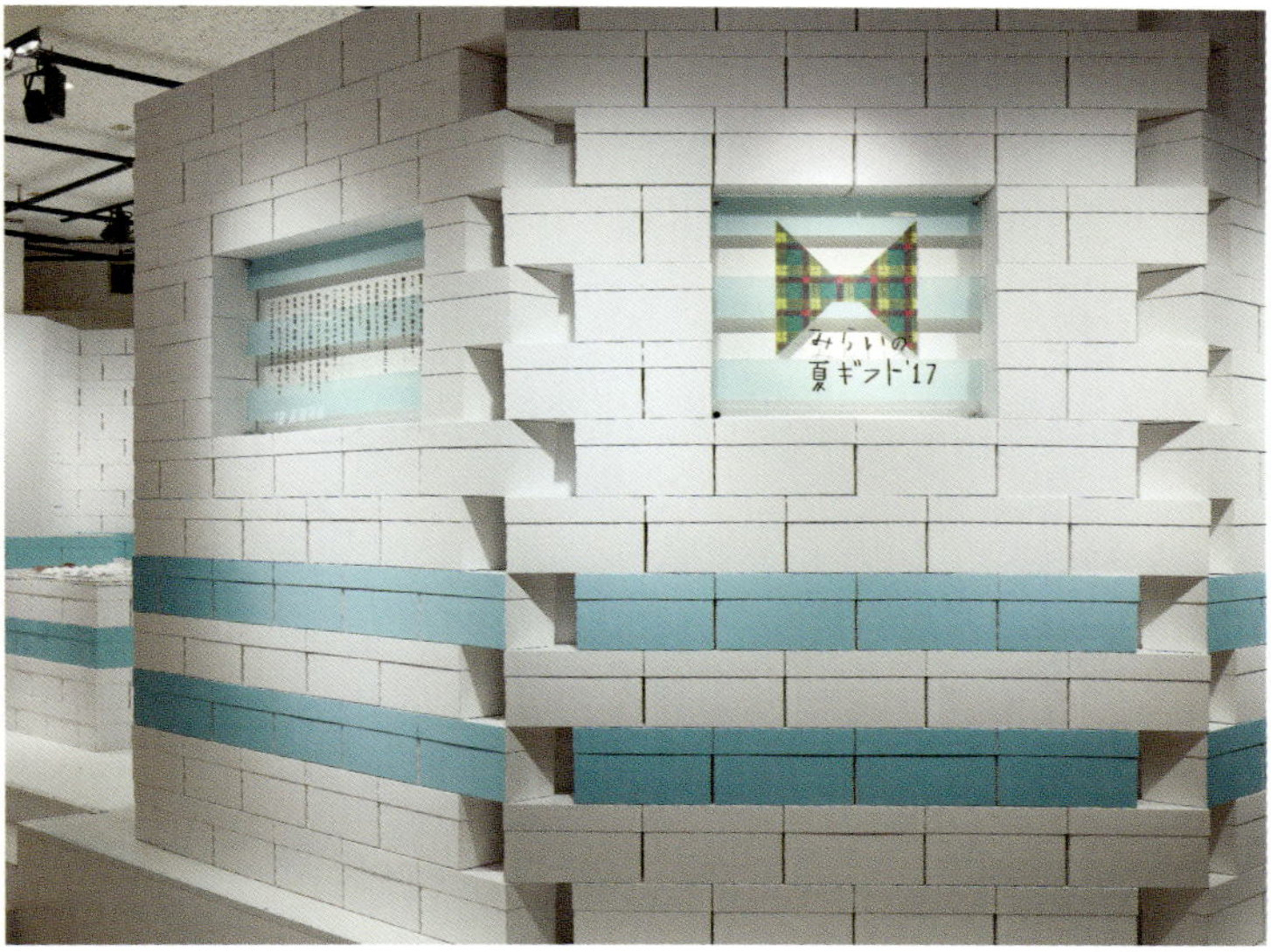

第4回「みらいの夏ギフト」2017年7月に開催

えていかなければ、独自の価値を追求することは難しい。リアル店舗の意味はどこにあるのか、百貨店という業態の独自性はどこにあるのかなど、業績の停滞感も手伝って、どちらかというとネガティブな意見を耳にすることが多い。

ただ、これからの時代に求められていく「豊かな時空間を過ごす体験」は、上質なライフスタイルを提案することであり、そこは本来、百貨店が得意とする領域ではないかと思う。従来の決まりごとや既存の枠組みに縛られることなく、未来に向けて、もっと自由に、もっとカタヤブリな実験をやることが大切と感じている。

2014→
伊藤忠商事とのコラボ
「コーポレートメッセージプロジェクト」

経営者とクリエイターの共通点

広告については、大学に入った頃から興味を持つようになった。私の学生時代、七〇年代後半から八〇年代にかけて繰り広げられた華やかな広告の数々——西武百貨店の「おいしい生活」や「不思議、大好き。」を筆頭に、資生堂、サントリー、パルコなどが、素敵な未来を垣間見せてくれた。

その後、インタビュー原稿を書くようになり、ファッションに限らず、クリエイティブディレクターやアートディレクター、コピーライターなど、広告に携わるクリエイターの話を聞くようになった。そして彼らの仕事は、企業や商品の良さを表層的にアピールするのではなく、根幹にある考えを伝えることにあり、重要な役割

2014年春に発表されたコーポレートメッセージ。イラスト・ココマスダ

を担っていると知ったのである。

一方、さまざまな経営者にインタビューする機会も増えた。二〇〇四年に上梓した『ビーム戦略』を皮切りに、企業を取材してまとめる書籍を手がけるようになり、トップの話を聞くようになったのだ。

経営に興味はないと思っていたが、聞いてみるとどの人の話も、ものすごくおもしろい。トップとして社員を率いる責を負いながら、企業が社会とどうかかわっていくのかを実体化していく——未来を切り拓くクリエイティブな仕事と思い、さまざまな分野の社長インタビューを重ねたのである。

その過程を通じ、クリエイターと経営者の考えに、多くの共通点があると感じるようになった。経営トップは、遠い未来を見据えながら、企業の向かう方向について舵を切っていく仕事であり、社員が、その方向に最大の力を向けるよう、率いていかなければならない。

一方でクリエイターは、同じく遠い未来を見据えながら、その企業や商品の向かう方向を表現していく仕事。理屈理論ではなく、視覚をはじめとする五感を通して「この企業は魅力的」「この商品を買いたい」と心を動かす役割を担っている。

両者とも、遠い未来を視野に入れた上で、かたや経営、かたやデザインの分野で、それぞれの表現をしていると思った。

ということは、両者が近い関係になれば、企業が伝えたいメッセージが的確に伝わるのではないか。企業がめざす方向について、クリエイターが経営トップから直接話を聞けば、本質的な考えについて深い理解がなされ、伝わりやすいデザインができあがるに違いない。そんな思いを抱くようになったのは、ちょうど未来研を立ち上げた頃のことだった。

大きな土俵で実験的な試みを！

それから半年ほど経ったある日、伊藤忠商事の社長である岡藤正広さん（現・代表取締役会長ＣＥＯ）と話していて、企業広告を手がけてみないかと言われたのである。いや、正確に言えば、企業広告と明言されたわけでもなかった。「一般の人たちに、総合商社の仕事をわかりやすく伝えること」「総合商社としての伊藤忠商事の独自性を明快にすること」という二つのお題を出されたのである。

話を聞きながら、確かに世の中の多くの人は、

現在の代表取締役会長CEO岡藤正広さんの少年時代のイラストも登場。
イラスト・ココマスダ

総合商社の仕事をわかっているわけではないと思った。企業相手の仕事が大半を占める総合商社は、一般に向けた情報発信の必要性がそう高くはない。リクルート向けの広告をやっている企業はあっても、継続性を持って打ち出しているところはなきに等しかった。

伊藤忠商事が先陣を切ることで、総合商社の仕事に対する人々の理解が深まること。総合商社がそれぞれの独自性を持って切磋琢磨することで、業界全体が元気になればという意図はその通りと腑に落ちたのである。

仕事の目的は明快なのだが、前例がない雲をつかむような仕事。「任せる」と言われて、「ありがとうございます」と答えたものの、やり方も進め方もまったく見えていない。しかも、大半の経営トップがそうであるように、最速での

初代が抱いた伊藤忠商事への思いを掘り下げたメッセージを掲載。
イラスト・平井利和

成果を求めてくる。短い時間でぎゅっとした提案をして欲しいと言われ、当てもないまま「わかりました」と答えていた。

仕事を始めて三十年、さまざまなプロジェクトをやってきたし、中には広告に近いものも含まれてはいた。ただ、これだけの規模の企業から、これだけの構えの仕事を依頼されたのは、初めてだったのだ。

こういうことには、ある種の図々しさと運が働いているような気がする。図々しくなければ、その道のプロがたくさんいる中で、あえて「やってみたい」と手を挙げないだろう。それともうひとつ。幼い頃から何か新しいことをやる時、失敗するかもという懸念が良くも悪くも働かないのだ。思い切りがいいと言えばそうなのだが、進めていく過程で怖気づくのだから、始末に負

「伊藤忠の人と商いシリーズ」。イラスト・Jean Jullien

えない性格と言える。
そしてこのプロジェクトも同じ文脈の中にあった。自分なりに描いていた仮説——経営トップとクリエイターが近い距離でプロジェクトを進めることを、大きな土俵で実践できる。未来研を立ち上げた時、「次の時代に向けた実験的な試みこそ大事」と自ら謳《うた》っていたのだから、これをやらないわけにはいかない。能天気な話ではあるが、私自身の気持ちはまたしてもワクワクしていた。

そして早速、チーム作りをスタートしたのである。プロジェクトに最適なメンバーを考え、一人一人に直接会って依頼した。リーダー役を担う人間がほぼ素人なのに、断る人は一人もなく、皆さん快く引き受けてくれた。

もちろん、伊藤忠商事というバックグラウンドが大きいのだが、未来研が行っていく新しい仕事がどうなっていくのか、そこに好奇心を持ってくれたクリエイターもいたと思う。

企業の本質をコンセプトに

しかし、いざ始めてみると容易ではない課題だということがわかってきた。総合商社の仕事はとんでもない幅と奥行きがあって、到底一言で語れるものではない。どこから手をつけ、どのような過程を経て提案に漕ぎつけるか、知恵を絞らなければならない。

まずは取材からということで、社内アンケートを実施し、その中から数十名にインタビューを行って、具体的な仕事の中身や伊藤忠商事の独自性などについて、一人一人の話を聞いていった。手間がかかる仕事だったが、現場は予想以上の躍動感に充ちていたし、語ってくれた人たちは、誰もが個性的で輝いていた。心が動くエピソードがたくさんあって、仕事を通して紡ぎ出される一人一人のパワーに、凄まじささえ感じたのである。

そして、人の集合体こそが伊藤忠商事の根幹をなしていると、チーム全員の意見が一致した。

その考えを土台に、伊藤忠商事が発信していくメッセージはどのようなコンセプトにするのか、知恵を出し合い、議論を重ねた。

その上で、伊藤忠商事の独自性は、自由闊達《かったつ》な精神、困難に挑み続ける「野武士集団」としての姿、個の力あってこその組織力、環境の変化に適応し危機を乗り越えていく現場主義、そして、ミッションへの自覚を持ち、顧客のニーズに応えるために最後までやり抜くプロ意識と

「ひとりの商人シリーズ」。伊藤忠商事でさまざまな仕事を営む人の仕事ぶりを、大胆なイラストレーションとともに表現した。　イラスト・ココマスダ

いったところにある——資産は人にあること
から、コンセプトを「人こそ資産」に定めよう
ということになった。

とともに、コーポレートメッセージとして社内外に発信していくため、いよいよ言葉と視覚で表現しようとなったのだ。

この段階で、留意したことは以下のことだった。

・社員の気持ちを束ね、進むべきベクトルとして機能するか。
・世の中に伊藤忠商事の価値を示せる言葉であるか。
・時間の経過に負けない普遍性があるか。
・伊藤忠商事の本質が語られているか。

一度作った言葉と視覚は、一年二年で簡単に変えるものではない。過去に積み重ねてきたことと、今やっていることを否定するのではなく、良いところや独自性を未来につなげ、進化させていくことが重要。その意味で、伊藤忠商事の描く未来を視野に入れておくことは必須であり、トップを務める岡藤さんのインタビューも行った。

ひとりの商人、無数の使命

チーム内で決めたメッセージは「ひとりの商人、無数の使命」——添えたステイトメントの一部を以下に抜粋するが、過去から現在、そして未来に向かう方向に触れている。

「これからも伊藤忠の商人たちは、地球のさまざまな場所で
今日の希望から百年後の豊かさまで、ありとあらゆるものを力強く商っていきます。

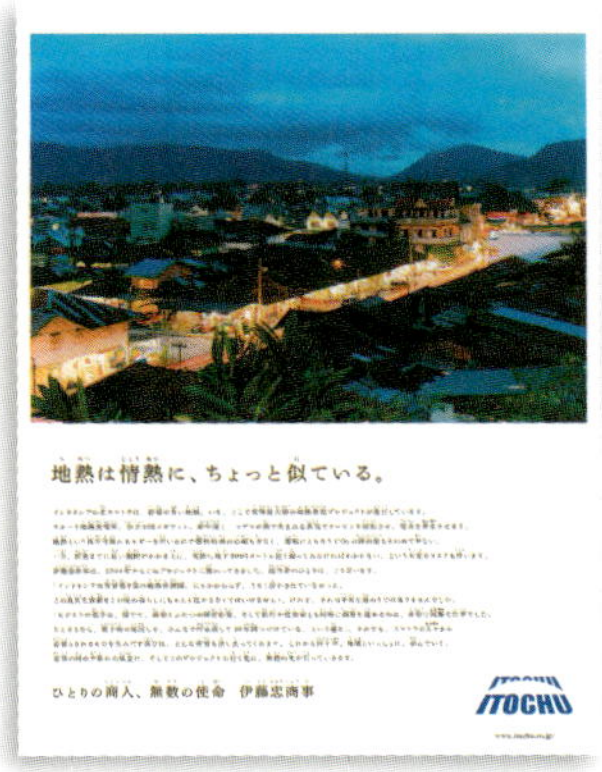

「無数の使命シリーズ 6つの使命」。伊藤忠商事が手がけている多様な仕事を、暮らしに近い写真と文章で伝えることを意図した。
フォトグラファー・関めぐみ／フォトグラファー・平野太呂／イラスト・大西将美

この商いが、この世界を必ずよくしていくのだと信じて。人をしあわせにできるのは、やはり人なのだと信じて。」

そして社内外にデビューさせるにあたり、シリーズ広告を打つことにした。七名の社員を取り上げ、本人の顔のアップを大胆なイラストレーションで描き、仕事と人となりについての文章を添える——独自性の強いイラストに目を留め、魅力的な文章を読み切る効果を狙ってのことだった。

最終的な提案は、チームが直接、社長に向けて行う。私は何案も盛り込んだ分厚い企画書が嫌いで、「これしかない」と絞った案について、岡藤さんに説明することにした。どんな反応が返ってくるかまったくわからず、ドキドキのプレゼンだった。

即座に返ってきたのは、「いつからこれをやるのか」という意表をつく言葉。つまり、即、実行せよという判断である。チーム一同、びっくりしながら大喜びしたのを、昨日のことのように思い出す。

その後、社員シリーズの広告を新聞で展開していったのだが、問題は社長の登場の仕方だった。現在の岡藤さんをイラスト化するのが常道ではあるが、それではあまりおもしろくない。

チームでアイデアを練った結果、少年時代の岡藤さんが未来を見据えているイラストというアイデアが出てきた。斬新過ぎるので「ノー」と言われるかもしれないと思ったのだが、これも直接提案したところ、本人からあっさりオーケーが——幼い頃のアルバムを持参してくれ

「ある商人シリーズ」。歴代の経営者たちの、商いに向けた意思と努力の軌跡を綴った。　イラスト・平井利和

て、好きに使って欲しいという度量には、正直言ってびっくりした。

そして、できあがったイラストは、白シャツにネクタイ姿の少年が、きりりとした眼差しで正面を見据えているもの。つぶらな瞳と引き締まった口元が意志の強さを物語っている。添えられた言葉は「少年よ、この星の商人となれ。」――岡藤少年の未来と、伊藤忠商事の未来を重ね合わせた。

いざ発表である。前哨戦として一連のシリーズ広告からスタートし、伊藤忠商事の株主総会の前日は岡藤少年が登場する広告、当日はコーポレートメッセージの発表広告という段取りで、プロジェクトは実体化していった。また、メッセージを発表する日に、社長から各社員へのメールというかたちをとって、コーポレートメッセージが意味するところを、手紙形式で語ってもらうことにしたのである。

いずれも、未来研にとって初めての経験である。発表されたものがどんな評価を受けるのかは、まったくの未知数だ。大阪で行われた株主総会に同行させてもらったものの、その場で確かな手応えを感じたわけでもなく、落ち着かない気分で東京への帰途についた。そうしたら、社員からのメールをまとめたものが岡藤さんから転送されてきたのである。

もちろん、直接メールしてくるくらいだから、ネガティブな意見であるはずがない。そうとはわかっているものの、「伝わった」という手応えに達成感を覚えた。しかも私は、浪花節的な女、新幹線の席で嬉し涙にくれたのである。

多岐にわたる仕事を、大胆で少しユーモラスなイラストとともに表現した。
(上)イラスト・Jean Jullien／フォトグラファー・平野太呂／(中)イラスト・Jean Jullien／(下)イラスト・関根優子

コーポレートメッセージの役割とは

その後、山あり谷ありの道程を経て、このプロジェクトは六年目を迎えようとしている。長年にわたってやってきたチームではあるが、馴れ合いになるところが微塵もなく、新しいものを創造しようという気概にあふれ、厳しくもありがたいチームだと思う。

一方、発案者である岡藤さんも、最終的なアウトプットに目を通し、自分なりの判断を出し続けている。「プロの領域はプロに任せないと」と言いながら、広告を見た人の視点、社員の視点、世の中の視点から、鋭くストレートな疑問が飛んでくることも多く、チームは気を抜くことを許されない。良い意味での緊張関係が両者の間にあることが、アウトプットの質を維持しているのだと思う。

コーポレートメッセージという仕事は、これでいいというゴールがあるわけではない。かっこいい広告、話題になる広告を作ることが目的ではないし、全社員が口ずさめることでもない。社員一人一人が、コーポレートメッセージが意図するところを理解し、仕事を通して実践していくことが、究極の目標と言える。つまり、頭でわかっている状況ではなく、身体で行動する状況にならなければ、本来の役割を果たしたことにならないのである。

そう思うと、この仕事は成功の域に達してもいないし、まだまだやれることはある。いや、もっと質を上げていかなければならない。「ひとりの商人、無数の使命」の未来像を描いていく重い仕事と、日々かみしめている。

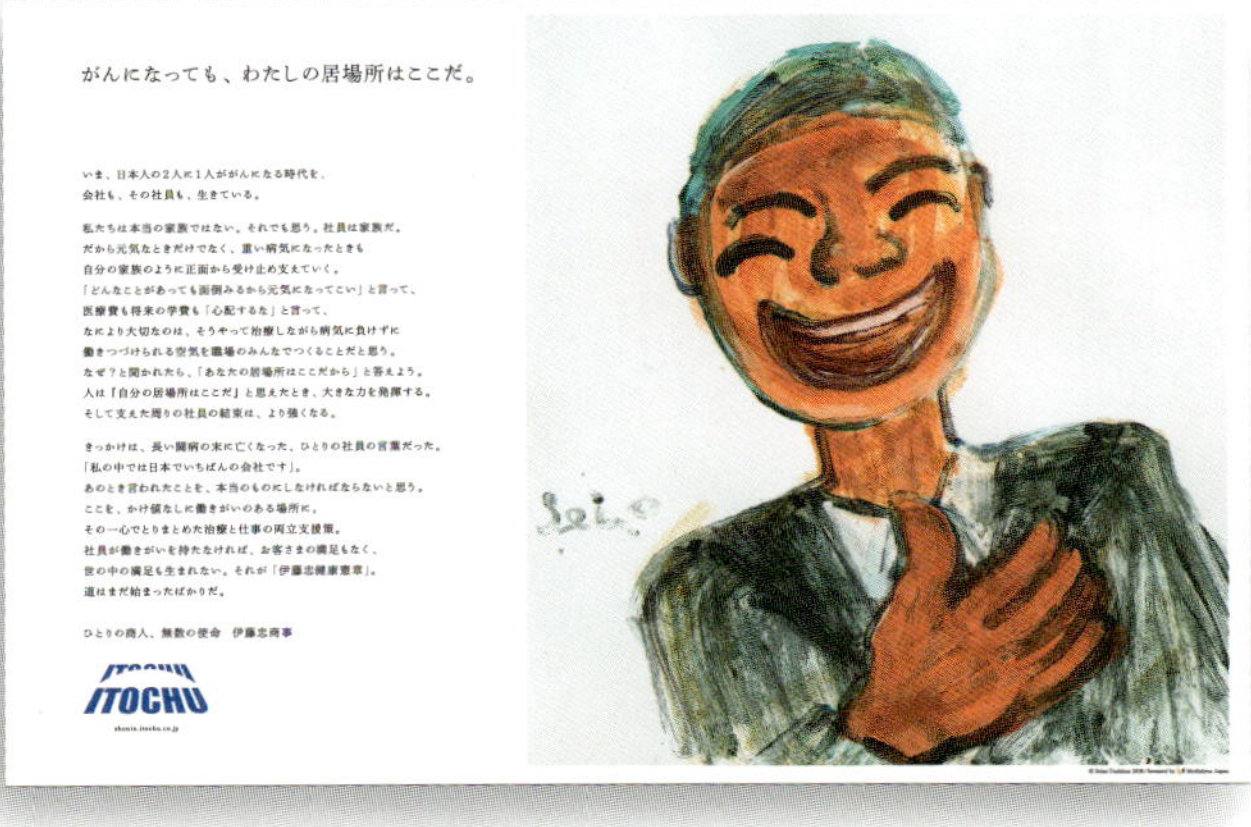

右／「社員は家族だシリーズ」。伊藤忠商事が取り組んでいる社員への取り組みを、力強く温かいイラストと合わせて語った。イラスト・田島征三

2014→2017
未来研イベント
「未来のおしゃべり会プロジェクト」

おもしろいことを伝えたい！

周囲の人にはそう思ってもらえないのだが、人前で「話す」ことは大の苦手だ。小さい頃から、人前に「出る」となると、ものすごく緊張してしまう。ピアノの発表会とか、小学校の学芸会とか、いわゆる自己紹介とかがあると、気分はどんよりになってしまうのである。

ただ一方、私は生来のおしゃべり好き。おもしろいことや楽しいことに出会うと「ねえねえ聞いて！」と誰かに話したくなる。思い返せば、授業中に私語を指摘され、立たされたことが何度あったか——。

そういった性癖は仕事を始めてからも変わらずで、基本的には人前に出たくないし、話したくもない。ただ、取材に行っておもしろい人に

ビジネスにはカッコいい感性が必要だ。

川島蓉子と社長の未来のおしゃべり会

会い、良い話を聞くと、それを〝伝えたい〟という思いが湧き上がってくる。

だから、人を招いた講演会やセミナーのプロジェクトを、二十代の頃からやってきた。それも、どこかに依頼されたのではなく自主的にだ。しかし会社でやるのだから、ボランティアというわけにはいかない。聴衆から参加費をいただく、会員制にして年会費をいただくなど、ない知恵を絞ってささやかなビジネスとしてきたのである。

お金をいただくのだから、それに見合った価値を提供しなければならない。司会役を担ったり、前座講演をすることもあり、苦手とわかっていながら、人前に出ること、話すこともやってきた。それも、かれこれ三十年以上も――場数は踏んでいるのだから、今さら苦手と言って、人が信じてくれないのも仕方ないと思う。

だから未来研を作った時、自分が得意じゃない人前への出方――従来の講演や勉強会の枠組み――にとらわれず、自分がワクワクするようなやり方で、〝伝えたい気持ち〟を満たすことができないかと考えた。

その頃、ちょうど始めた連載原稿が、前に触れた日経ビジネスオンラインの『ダサい社長』が日本をつぶす！」だった。少し過激なタイトルだが優秀な編集者がつけてくれたもの。経営とデザインのかかわりについて、各界の経営トップの話を聞いていくものだった。

堅いビジネス口調でなく、私が素人として話を聞きにいく、いわばおしゃべり的な語り口がいいということでそれを文章に――初めての試みだったが、書いていて楽しかったし、連載の評判も割合と良かった。

おしゃべり感覚で話してみよう

それと同じことを、聴衆に向けてライブでやってみようと思ったのである。それまでの講演やトークショーでは、構成やシナリオを用意し、それにしたがってやってきた。あらかじめ準備しておけば、心配性の自分を何とかだませるし、聴衆の方々にも迷惑をかけないと考えてのことだった。ただこれも難点があり、「その通りにやらねば」と自分が硬くなってしまい、予定調和的なイベントになってしまうのだ。

だから、その枠組みを思い切ってはずし、お招きした方の話を、私がざっくばらんに聞いていこうと思ったのである。

長年のご縁が後押ししてくれたのか、「こう

堅苦しい講演会ではなく、おしゃべり感覚でのトークを意図した「おしゃべり会」。

いうことをやりたい」とお願いすると、大半の方が引き受けてくれた。

しかし、そこでハタと考えた。このイベントの名称は何なのか――講演会でもないしトークショーでもない。いろいろと考えた末、おしゃべりという言葉の持っている敷居の低さや楽しい雰囲気を、少しでも感じてもらえたらと思い、「おしゃべり会」と題することにしたのである。

会場の構成もひとひねりした。立派な演壇上から聞き手に向けて対話するスタイルでもなく、マイク片手に高いスツールに腰かけてというスタイルでもない。もう少し親しみやすく、もう少しくだけた感じにと、背当ての高いベンチシートに、お招きした方と私が並ぶかたちで話すことにした。

やってみると、おしゃべり感覚で話す距離感として、ベンチシートはちょうどいい。冒頭の緊張度合は変わらないのだが、気楽な空気が肩に入った力をゆるめてくれるので、私はぐいぐい相手の話を聞ける。相手の方もそれに対し、実にオープンに話してくれる。

小一時間ほどおしゃべりした後、質疑応答の時間を設けたのだが、おしゃべりの延長で活き活きした質問が出てきたのも嬉しかった。

その後は、軽食と飲み物をいただきながら、参加者全員が交流する場に。私がちょこまかと紹介して歩かなくても、各自が自主的に交流してくれる。私は全体を見渡して、少し寂しそうにしている人に声をかけたり、知り合いに一言挨拶するなど、ホスト役に徹していればいい――このやり方は、未来研に合っていると思った。

以来、毎月一回の定例会として「おしゃべり会」は定着していったのである。

音楽が人の心を動かしていく

そうなると、もっといろいろな実験がしたくなった。せっかく場があるのだから、今までやったことがないこともやってみたい。そんな折に、知り合いの方から、若い演奏家たちが、聴衆を前に演奏できる場を求めているという話を聞いた。練習での演奏と、聴衆を前にしての演奏は、緊張感もそれに対して得られる学習も格段に違う。なのに、そういう場が驚くほど少ないというのだ。

その時、私の中でぴんとくるものがあった。良い仕事をするためには、五感を働かせる必要がある。理論理屈をつかさどる脳は大事だけれど、そちらばかりが優先され、視覚、聴覚、嗅覚、味覚、触覚といった五感は置き去りにされがちなもの。しかし実は、五感を働かせて理論と組み合わせるところから、優れたアイデアや発想は生まれてくると、かねがね思っていたからだ。

一方、クラシックコンサートは敷居が高いと感じている人も多いのではと思っていた。聴く時のマナーを守らなければならないこと、それなりの時間と費用を要することも壁のひとつ。それなら入門編を設けることで、少しはハードルが低くなると考えたのである。

それで、「未来研コンサート」なるものをやってみることにした。弦楽四重奏、声楽、ピアノソロなどをやってみたのだが、予想以上の反響があった。

音楽が人の心を動かしていくさまを、まさに目《ま》の当たりにしたのである。手が届くほどの距離から奏でられる音楽が、生の波動となって広がっていく。集まってきた聴衆は、それをエネルギーとして受け止め、表情が活き活きと変わっていく。中には、ウルウルしている人もいたりして——。気楽な会であることから、スーツ姿の男性や若い女性も多く、いわゆるクラシックファンでない人が来てくれたのも嬉しかった。

一方、演者たちも間近で受けた反応を見て、みるみる演奏に力が入っていく。ライブだからこそのキャッチボールは、心底おもしろかった。

このコンサートは、定例的なイベントとして、その後も何度か実施したのである。

トークだけでなく、音楽や映像を取り込むなど、実験的な試みも行った。

働く女性たちの思いを語ってみたら

そこから発展して、一風変わった試みも行った。ピアノの即興演奏をバックに、私が言葉を語りかけるイベントだ。タイトルは「わかっていない男たちへ　わかっている男たちへ」。働いている女性にとって、男性が「もう少しこをわかってくれて、もう少し変わってくれたらありがたい」と感じる本音を伝えたかった。

なぜなら女性が働きやすくなることについて、かまびすしく言われている割には、「こうして欲しい」という方向に、なかなか変わっていっていない。ただでさえ先進国の中で遅れているのに、このスピード感で大丈夫なのかと、かねがね感じていたからだ。もしかすると、女性が仕事や働き方に求めていることは、男性が

多岐にわたる方々をお招きして、楽しいおしゃべりを繰り広げた。

仕事や働き方に求めていることとは違うのかもしれない。その価値観の違いについて、少し話したいと思ったのだ。

ただ、正面切って一方的に言ってしまうと、内容が重いだけに堅苦しくなってしまう。もっと軽やかに聞き手の心に入っていけないかと考え、「未来研コンサート」を応用することを思いついた。

即興演奏ができるプロのピアニストを招き、私はロングドレスをまとって現れる。「ポロロン～」とピアノ演奏が始まり、それに私の言葉がかぶさっていく。そんなイベントをやってみようと思ったのである。

以下に、その一部を抜粋する。

「わかっていない男たち」

「女性の視点で」とよく言うけれど、「ピンクで丸っこい」みたいなものが「女性ならではの視点」になっていないでしょうか。

もちろん、世の中に、そういうものが好きな女性がいることも事実です。だけど、そういうものが好きじゃない女性もいるのです。

だから、「女性」ってひとくくりにされると、ちょっとだけ困る。たくさんの、そしてさまざまな好みがあることを、少し理解してもらえたら嬉しいなぁと思っています。

「わかっている男たち」

男性が家庭にかかわることを認めてくれて、ありがとう。

うちの父もそうでしたが、「男が家事をやるなんてみっともない」「子育ては女の仕事だから男はやらなくていい」と考えている男性は、まだまだいます。

制度がいくら整っても、こういう考えがどっしりと横たわっていて、イクメンや、働くお母さんの中には、周囲に気遣いながら子育てしている人もいるんです。せめて「反対！」と言わず、「ま、いいじゃないか」と認めてくれたら嬉しいです。

集まってくれた人は実にさまざま――知り合いの経営トップもいれば、中間管理職の方もいる。バリバリ働いている女性もいれば、普通のOL風の方もいる。さまざまな分野のクリエイターや学生らしき人もいる。

始まる前は、どういう反応があるのかドキドキした。何しろ即興で、音楽はぶっつけ本番、どういうメロディーがどんなタイミングで出てくるかわからない。そこに私の声がかぶさったら、どんな風になるのかわからない。聞き手がどう反応してくれるのかもわからない。見えないことだらけだった。

が、やってみておもしろかったのは、ピアニストと私の双方が、呼応するように盛り上がっていったこと。ピアノ語りの勢いを得て、私の語り口はなめらかになり、それに呼応するように、ピアノが私の語りを盛り上げてくれる。

「いったい何が始まるのだろう」と興味津々だった聴衆は、笑みを浮かべながら、真剣に耳を傾けてくれた。会場全体が、ぎゅっとした空気感に包まれたような実感があった。

終わった後、「楽しかった」「僕はできていると思った」「少し考えさせられた」「もっとやって欲しかった」など、さまざまな反応があったのもおもしろかった。

リアルな場だからできる試み

その他にも、いくつかの試みをやってみた。太鼓を打つ行為を通したワークショップを、新潟県の佐渡島の「鼓童」というアーティスト集団と一緒に行ったり、ルミネが行った手持ちの服を売って寄付する「リクローゼット」と題し

時には未来研サロンを飛び出して行うこともあった。

たイベントの場とするなど、私がおもしろいと感じ、訪れてくれる人もおもしろがってくれるに違いないことを、積極的にやることにしたのである。

「おしゃべり会バトンリレー」というのもやってみた。前述した「おしゃべり会」を、一人二十分と時間を切って三連チャンで行う。時間が来たら「チーン」とベルを鳴らすという試みだ。

私がナビゲーターをやったのだが、二十分の中で起承転結できる技があるわけではない。中途半端なところで「チーン」が鳴って本当におしまい！

ドタバタ喜劇的な楽しさと限られた時間の凝縮感が出て、やっている方も聞いている方も一緒になって笑いが生まれる場になったのである。

ひとしきりおしゃべりした後、会場の方々との交流も行った。

こうして未来研は、リアルな場を持つことによって、いろいろな試みをやり、手応えを得ることができた。私が未来に向かって伝えたいことを、おもしろいかたち、良いかたちで伝えることができないか——できれば「伝える」に留まらず、聞いた人の心を動かし「伝わる」になったら嬉しい。「これが大成功！」という明快な答えは見つからなかったが、これをやるとこうなるという方向はおぼろげながら見えてきた。長年抱いてきた夢みたいなものをかたちにできたのは、何よりありがたい経験だった。

これはもう、人前に出るのが苦手とか、話すのは得意ではないなんて、言っている場合じゃない。一人でもたくさんの人に「楽しい未来」や「うれしくなる未来」を感じてもらえたらという思いは、ますます強くなっている。

★出産、子育て第一号

仕事がうまく回りだした三十歳になったばかりの頃、第一子を妊娠した。それまで社内では「子どもができたら仕事を辞める」が暗黙の了解事項だったのだが、私にはまったくその気がなかった。キャリア志向が強いというより、「やっと仕事がおもしろくなってきたのだから続けたい」と思ったのだ。ちょうど育児休業法が施行される年に出産するというタイミングで、会社も強行に辞めさせるわけにいかない。夫も応援してくれるというので、産んでも続けることにしたのである。

前例がないだけに、会社は随分と困っただろうし、私も物凄くとまどった。出産休暇については、産前四週産後八週という、当時の労働基準法で定められている条件以外は何も決まっていない状況で復帰することになったのである。出社してみると、仕事は戦力外に近い役割に絞られ、家に帰れば怒濤のような子育てと家事に追いまくられ、目の回るような日々が延々と続く。マタニティブルーに加え、仕事が思うようにできないことが、大きなストレスになっていった。

今振り返ると、当時は子育ても中途半端、仕事も中途半端であることに、自分で苛立っていたし、社内でそれを理解してくれる人が一人もいないことが、寂しく重い気持ちにつながっていた。「子どもが三歳になるまでは、やっぱり母親がそばにいるべきでは？」「鉄の女みたいにそこまでがんばらなくていいのに」など、間接的に伝わってくる社内の声にもへいちゃらになれずにいた。

だが、そういう辛い感情を上回るものが子育てには潜んでいた。年子で産んだ二人の子どもたちから、口ではうまく言えないような楽しさを、たくさんたくさんもらえたのだ。「私ってしあわせ」という感覚が、時々ぐわんと心をつかんでくれる。それは、仕事でも恋でも味わったことがない、まったく新しい「しあわせ」であり、たとえ瞬間的でも麻薬みたいな効果をもたらしてくれた。

今でも、仕事か子どもかと悩む女性は少なくないし、その気持ちは痛いほどわかるのだが、頭だけで考えてしまうと、子どもがいない方が自由度は高いと思う。ただ、瞬間的とはいえ、私が味わったあの幸福感を思うと、子どもを産んでみるのも、ちょっとお勧めと思うのである。

それともうひとつ。私は一人っ子だったこともあり、きょうだいに対する強烈な憧れがあった。それを子育ての過程で擬似体験できたのは楽しかった。休日になると「今日は仮装大会」と銘打って、それぞれが勝手な服を着て、好き放題にメイクする。「これから餃子大会」と決めて、三人で山のような餃子を作って食べる。後片付けはたいへんだったけれど、私の「一人っ子コンプレックス」を満たしてくれる上等な記憶になっている。

③ あの人と みらいの仕事の話を してみました

「働いて嬉しい」が大きくなればいい

皆川明さん

皆川さんは「ミナ ペルホネン」を率いるデザイナーであり、株式会社ミナの社長でもある。服にとどまらず、器や家具など、幅広い領域におけるデザイン活動を繰り広げているし、海外での活動も確かな評価を得ており、日本を代表するクリエイターの一人でもある。

お話を聞いていて、いつも興味深いと思うのは、皆川さんのモノ作りや働き方に対する独自の考え方——セールをやらない方針や、高齢者の働き場を作るなど、時代に先駆けた試みを行っている。

そんな皆川さんの目から見た、ファッション業界の未来、働き方の未来について聞いた。

皆川明 みながわ・あきら

デザイナー。一九六七年、東京生まれ。一九九五年に自身のファッションブランド「minä(二〇〇三年よりminä perhonen)」を設立。時の経過により色あせることのないデザインをめざし、想像を込めたオリジナルデザインの生地による服作りを進めながら、インテリアファブリックや家具、陶磁器など暮らしに寄り添うデザインへと活動を広げている。また、デンマークのテキスタイルブランドKvadrat、スウェーデンのブランドKLIPPANなどへのデザイン提供や、朝日新聞や日本経済新聞の挿画なども手がける。

今までの方法論じゃないやり方をしたい

川島　今日は皆川さんに、クリエイションの話というより、会社の話をうかがいたいと思います。皆川さんは、株式会社ミナの社長を務めていらっしゃいますが、ご自身が組織に所属したことはないのですよね。

皆川　僕は文化服装学院を卒業してから、縫製工場、オーダーメイドのお店、布から服作りまでを手がけるアトリエと、三つの仕事を二、三年くらいずつ経験しました。それで、自分ひとりでもできるのではと思い、一九九五年、八王子にあった自宅兼アトリエで服作りを始めたんです。でも、それだけでは食べられなくて、アルバイトもしていました。

川島　何のアルバイトですか。

皆川　八王子にある魚市場です。競り落とされたマグロをさばいて、卸す状態にする仕事を、朝四時からお昼までやり、午後は服の仕事をしていたんです。

川島　そこまでして、自分の服作りをやりたかったのですね。

皆川　当時から服作りについては、自分のクリエイションをしたいということと、今までの方法論じゃないやり方をしたいということをセットで考えていたんです。

川島　それは、どんな方法論ですか？

皆川　作った服を短いサイクルで送り出すことや、合理性や効率化だけを優先させたモノ作りなど、業界の慣習への抵抗があって、そういうことをしないで成立させる方法があるに違いないと考えていました。世の中で半年ごとに行われているセールについても、自分たちはセールを行わずに運営できないかと思っていました。

川島　どういう理由で？

皆川　自ら作ったものの価値を下げてしまうのは、自分自身にも一緒に作った人にも良い方法ではないと思ったんです。家具や建築など、他の分野のものは、短期間で価値が落ちることはないのに、ファッションだけが短期間で価値が落ちることに、ずっと疑問を抱いていました。一方、縫製工場で働いていた頃、よく値切られる現場を見ていました。何十円、何百円の単位でモノ作りにかけるコストを値切られるのに、作った服は半年もたたないうちに半額にされてしまう。このバランスに違和感があったんです。

川島　確かに変な話ですね。

皆川　それで、二〇〇〇年に直営店を始めて以来、自分の店ではセールをしないという方針を貫いてきました。

川島　セールなしを続けられるということは、ビジネスとして、その考えが成り立つということですよね。そもそもシーズンの初めに「最高にいい服」と言って売り出され、数カ月後に「もう古い」と価値づけられること自体、どこか矛盾したところがあります。買う側はそれなりのお金を出すわけですから、ワンシーズンだけ着て終わりと思っている人ばかりでもないし。

皆川　「ミナ ペルホネン」も、半年ごとにコレクションを出しているのですが、お客様にとって出会いの服やデザインが見つかった時に買っていただければ良いと思います。

川島　皆川さんの服作りでユニークだと思うことがもうひとつあります。過去に作ったものについて、シーズンを越えて服を売ったり、布を復活させてもいる。あれも同じような考えが根っこにあるのでしょうか。

皆川　ある時、ネットのオークションで、うちの服が店頭価格より高く売られているのを目にし、しのびないと思ったんです。また、うちのお客様からも「あのシーズンの服を買い逃したのだけれど、あれば欲しい」というお声をいただくので、それならうちにある服を継続して買っていただければお客様に喜んでいただけると考えました。それで、シーズンを越えた服をアーカイブとして販売することにしたのです。

川島　お話を聞いていると、皆川さんが考えて実行してきたことに、時代が追いついてきたという感じですが、いずれも、服作りを始めた頃から抱いていた思いとのこと。先見の明と言えますね（笑）。

今のアパレルは廃棄率が高くなっている

川島　その後、ファストファッションが出てきて、服を作って売るサイクルがどんどん短くなってきました。でもそれが、ちょっと行き過ぎている感じがあるし、時代の流れも、短期で使い捨てするのでなく、長く丁寧に使おうという風潮になっていて、これからもっとそうなっていく気がするんです。皆川さんは、ファッション業界における短サイクル化についてはどう見ていますか。

皆川　やはり短サイクルによって廃棄率が高くなっている気がしています。

川島　それってどういうことですか。

皆川　このところ、アパレル企業の中には、プロパー価格（正規の価格）の消化率が五十%程度まで、落ちているところもあるそうです。

川島　残りの五十%はセールして、売れなければ何らかのかたちで廃棄ということですね。

皆川　つまり、売上や利益が伸びていても、相当数の商品を廃棄しているということです。

川島　皆川さんのところはどうなのですか。

皆川　ミナ ペルホネンの場合は、直営店でのシーズン中の消化率は八十%くらいですが、その後もアーカイブデザインとしてお店での販売は続けますので、最終的な消化率は九十%くらいまで行っています。残りの十%については、資材として利用しています。

川島　そういえば、青山にある「ミナ ペルホネン ピース」というお店には、テキスタイルのパーツから作られたパッチワークのバッグや小物をはじめ、リメイクした服やクッションなどが並んでいますね。

皆川　余った材料も使えるものを資材としてとらえます。僕が魚市場で働いていた経験から言うと、これは、魚のアラを使うのと同じことなんです。たとえば、ある料理人が一キロ三千円の鯛を一尾調理するとします。刺身にできる部分はおおよそ半分くらいですから、一キロの鯛で、もし刺身だけ取ってアラを捨ててしまうと、資材の五十%にあたる五百グラムしか使っていないことになり、一キロ六千円のコストになるわけです。でも、頭はカブト焼きにできるし、骨から出汁も取れる。そうやって資材を使えば、結果的にコストを下げることができる。しかも、お客様は刺身以外の料理も楽しめる。両者にとって良いことになります。

川島　なるほど。いい材料を使い切ることによって、相対的にコストが下がるという考え、意外と盲点でした。

デザインと材料の整合性を突き詰めたい

川島　経営トップとしての皆川さんは、どうやってそういう考えを社員に伝えているのですか。

皆川　社員全員が同じ気持ちになるように、常に伝え続けることです。たとえば、あるフレアスカートを作るために必要な布の長さが二・二メートルとした場合、一反の布から五枚取れるけれど、余り布が結構出てしまうんです。でも、長さを二・一六メートルにすれば、ちょうど六枚取れるようになる。その時、二・二メートルと二・一六メートルの四センチの差で、そのスカートのデザインにお客様が不満足になるかどうか、それともそのまま作って、価格が高くなってもいいかどうかを含めて判断するということです。最近はアトリエのスタッフからも、「このスカートだと一反から◯着取れるのですが、上の部分が三十センチ余ってしまうので、そこに刺繡を施してバッグを作ります」といった提案をもらうようになりました。コストについて考える時、どれくらいの布が必要かという視点でなく、一反から何着取れるかという視点が大事ということですよね。

川島　全体でとらえて無駄のないコストにするという考えが、基本にあるということですね。今の話で言えば、多くのデザイナーズブランドは、デザイナーの世界観や時代の最先端にいることを表現するため、余り布もコストに含めたモノ作りをしているし、ファストファッション的な領域では、コストを徹底して切り詰めたモノ作りをしている。私はどちらも極端過ぎると感じているのですが、皆川さんのめざすようなコスト感は見過ごされている気がします。

皆川　お客様に対し、良い材料で作って適正な価格で提供される良い服を着ていただきたいと思うと、無駄が多くてもいいという考えには、どうしてもなれないんです。僕にとって、デザインと材料の整合性を突き詰めることは、とても大事なことですから。

川島　それって、服に限らずさまざまなものに共通することでもありますよね。

皆川　作るプロセスについても同じことが言えます。たとえば布作りで、ある工場のミニマムロット（最小生産単位）は三百メートルと言っているのですが、それはその工場にとって最低限の単位であって、その機械にかける縦糸の長さから言えば五百メートルが適正ということがあるのです。その場合、僕らは五百メートル作ることを前提に、その布をどういうアイテムにどのように使うかと考えるわけです。それとともに、工程の無駄をなくすことによって、使う人にとっての美しさを損なわないことも大事にしてきました。つまり、モノ作りにおける整合性ということについて、安価で早くできることではなく、資材や労力が無駄にならないことについて、徹底的に追求することにしているんです。

川島　時代の流れも、そういう「無駄をなくす」方向にあると感じています。

皆川　資材や労力をできるだけ有効に使っていくことが、僕にとっての「無駄をなくす」です。その結果良いものができれば、お客様にご納得いただけると思っています。

仕事のプロセスには何らかの工夫や楽しさが含まれている

川島　皆川さんは、働き方についても新しい試みを行っていますね。青山のスパイラルの五階にある「コール」では、二十代から八十代まで幅広い年齢の方が働いています。なぜあそこで、高齢の方に働いてもらおうと考えたのですか。

皆川　一旦は引退したけれど、まだ働きたい、でも働く場がないという人が、「ここで働ける」となったら、喜びは大きいわけです。だったらそういう場を作ればいいと思い、やってみることにしました。それも、毎日フルタイムではなく、週に三、四日、自動車教習所みたいに何時間来ますといったように、コマを取る仕組みにしています。六十代以上の方が十人以上いるのですが、責任に応じた賃金を払うことにしていて、定期昇給もあります。オープンして二年経って、辞めた人は一人もいないので、それなりにうまくいっていると思います。

川島　働く喜びがそこにあるということですね。

皆川　僕らが何かモノを作る時、たとえば陶器であれば、土を作る人、型を作る人、釉薬を塗る人と、それぞれのプロセスをやってくれる人がいる。そして、「良い土を作ろう」、

「正確な型にしよう」というように、そのプロセスには何らかの工夫や楽しさが含まれていると思うんです。

川島　同じ働くなら、嬉しかったり楽しかったりといったことがあった方がいいですよね。

皆川　仕事というのは、働いていて嬉しいのかどうかという感情的な価値も含めて、お金を払ったりもらったりしているところがあるのではないでしょうか。とすると、労働には金銭的な価値と感情的な価値が大きく影響していると言えるわけです。つまり、「働いていて嬉しい」が大きくなっていくことは、自主性を引き出し、工夫が増えるから、フィーに対しても互いに納得しやすくなるのだと思います。

川島　「コール」は、「ミナ ペルホネン」の服だけでなく、アクセサリーや器類、リネン類、子ども服など、さまざまなものが豊富に揃っているほか、テラス席もあるカフェ、野菜や食品を売っているグローサリーもあって、まさにライフスタイルショップと言えるお店です。でも、ビジネスとしてもうまくいっているのですか。

皆川　青山の一等地で、僕らがやりたいことをやって、労働の新しい仕組みについての試みができるわけですから、収益がゼロだとしても相当意味があると思って始めたんですが、結果的には、始める頃に予想していたより順調です（笑）。

川島　凄いことじゃないですか。

皆川　あそこのグローサリーでは、無農薬の野菜を仕入れるようにしているのですが、収益は多くなくてもいいんです。たとえば今の三倍の仕入れ量になっても、利益は今のままで構わないということです。

川島　どうしてそんなに太っ腹なんですか。

皆川　無農薬のものを日常的に食べられる環境を作ることができればいいというのがひとつと、それをめがけて人が来てくれるようになり、たまたま気に入った人が、他の何かを買って帰ったり、カフェで過ごしてくれれば、循環が生まれます。

川島　皆川さん、やっぱり商売人ですね（笑）。

〝景色や環境のいいところ〟にお店を作る

川島　皆川さんは、百貨店やファッションビルにはお店というかたちでは出さず、商品を卸すかたちをとり、直営店を全国数カ所に構えています。それも、服を中心にしている「ミナ ペルホネン」の他に、先ほど触れた「コール」、テキスタイルを中心とした「マテリアリ」など、全部異なる顔つきのお店にしていますね。

皆川 どうやったら独自性を出せるかを考え、一所懸命手をかけると、自然と独自性が生まれます。これからも直営店を少しずつ出していきますが、郊外でも魅力のあるロケーションに、お店を構えたいと思っています。

川島 皆川さんのお店は、郊外と言ってもショッピングモールがあるような賑やかな場所でなく、わざわざそこに出向いていかなければならないへんぴな場所ばかりですよね(笑)。

皆川 僕らのお店は、景色や環境のいいところに作ることにしています。そして、お店ごとの個性と意味性を作っていきたいと思っています。お客様に良いと感じていただける根拠を持ち、それをお店できちんと説明するようにしています。「この布はこうやって作りました。この柄はこういうイメージで作りました。このカッティングは、この素材をこう活かすためにこうしました」という風に、すべてのプロセスについて、自分たちの意図を言えることが、ひとつの独自性につながるととらえてのことです。わざわざ足を延ばして景色や環境のいいところにあるお店を訪ねる。そこで、お店にいる人とさまざまな会話を交わすことがお客様にとって楽しかったり、良い時間となればと思います。旅をして訪ねるような感覚で、行ったこと自体も記憶の中に含まれるようなお店を作っていきたいんです。

川島　そうやってさまざまなお店を作って成功され、企業としてのこれからをどうとらえているんですか。

皆川　自然な形で成長していければいいと考えています。やっていることが正しいのなら、活動規模を大きくすることは良いことだと思います。みんなが喜んでいるという状況があるなら、広がればいい。ただ、きちんとした循環を崩さないようにしながら、広がっていく方法を考えていかなければなりませんが。

川島　きちんとした循環とは、モノ作りにおけるデザインと材料の整合性であり、それがお客にきちんと伝わって使ってもらうことでもある。一方で、働き方における〝金銭的な価値〟と〝感情的な価値〟の交換というお話もありました。そのどれもが、これからの時代に求められる要件だと思います。

人間の成長と同じペースで会社も成長するのが自然

川島　ただ、成長しながら循環を崩さないでいることは、相当難しいように感じます。「会

社を成長させるためにがんばってください」と言われても、一社員である私は「どうして？」と思うことがありますから（笑）。

皆川　成長というと、そのためにたくさん働かなければならないという勘違いがあるように思います。〝成長＝時間やノルマなど労働負荷の増加〟ととらえる人が多いのではないでしょうか。でも、そういうことではないんです。働き方の方法論を考えればうまくいくと、僕は考えています。というのは、社員の成長と同じくらいのペースで、会社も成長していくのが自然なことととらえているからです。

川島　企業にいると、売上や利益の前年比二桁アップみたいな成長を求められます。ただ成長というと、数値化するのが難しいですよね。

皆川　僕が考える社員や会社の成長のペースは、それなりの年月やってきた経験をもとにすると、おおよそ一桁アップくらいがちょうどいいのではないでしょうか。

川島　皆川さんのところは、予算みたいなものがあるのですか？

皆川　予算はないですが、予測を立てることにしていて、それも一昨年からのことです。テキスタイルを作るのには時間がかかりますから、新作展示会での発表よりも前に、ある程度の数を見込みで工場に発注して生産に入らなくては間に合いません。あらかじめ、おおよそ「このアイテムはこれくらいの数量を作って売る」という予測を立てた上で行っているのですが、展示会などでの反応を見て、最初に立てた予測数量を見直すことにしています。たとえば、最初の段階では八十五%の商品を作っておいて、残りの十五%は展示会後の反応によって作る数を考えるわけです。そうすることで、作る経費を変えずに売り切る精度を上げることができるようになったので、利益が二割ほど増えました。

川島　それは凄い！　でも、その八十五%と十五%というのは、誰がどう決めたのですか。

皆川　僕の勘みたいなものです。だから、これが絶対というものではなく、これからも、様子を見ながら変えていく可能性もあります。

川島　最初の段階の予測が前年を下回った数字になっている場合はどうするのですか。

皆川　それをフォローするアイデアを出すことにしています。新しい方法論は何かないのかと考えるわけです。たとえばファッションだけではなく、インテリアファブリックで何かできないか、そういう風に発想を切り替えているのです。

川島　そこでも発想や知恵が磨かれそうですね。

本当の労働に対して給与を渡した方がいい

川島　皆川さんの会社は、どのような組織になっているのか、とても興味があります。

皆川　副社長がいて、取締役がいて、役員は僕を含めて三名です。それと、それぞれの役割を担う部長がいます。

川島　後はフラットということですね。会議とかは？

皆川　アトリエスタッフ全員と関東圏の店長が集まる全員ミーティングというのを定期的にやっているのですが、それ以外にグループミーティングというのもやっています。総務の人もデザインの人もみんなシャッフルして、総務の人が編成して四〜五名のグループに分けて行っています。だから全員といっても、それぞれのグループで話し合ってもらう。後からそれを、メールで共有するようにしています。全員が集まって「何か議題になることはありますか」と言っても、なかなか良いアイデアは出てこないですが、四〜五名だったら出やすいのではないでしょうか。

川島　確かに全員が集まって行う会議って、意見を出すというより報告会に近くなっちゃって、ちっともおもしろくないんです。

皆川　六十人が参加する会議を一時間行うということは、六十時間分の人件費を使うわけです。そこで新しい発想や問題解決のアイデアが何も出てこないとしたら、大きな無駄になってしまう。そうではなく、五名の単位で一時間だけ会議して、仮に十個のアイデアが出てきたら、何も出てこない会議に比べて十倍の価値があることになります。その分、会社としては、給与として社員に還元することもできるわけで、僕は、本当の労働に対して給与を渡した方がいいと思っているのです。

川島　その会議には、皆川さんも出るのですか。

皆川　僕はミーティングには参加しないで、共有メールを必ず読む。そういうかたちにしています。それでいいアイデアが出てきたら「いい意見ですね」と言うことにしています。

川島　一度も褒められない人もいるわけですね。

皆川　自分の意見をきちんと出せた時にだけ、しっかり褒められた方がいいのではないでしょうか。

川島　なるほど。人の評価についてはどのようにしているのですか。

皆川　半年に一度、行っています。自分の評価をまず本人がして、それをセクションのリーダーが見た上でセクションリーダーと個々のスタッフで面談を行い、仕事の内容や目標、成果などを話し合ってもらいます。その内容を僕はセクションリーダーとの面談の中で聞きます。賞与を支給する時の指針にもしています。

川島　最終決定は、やっぱり社長である皆川さんがするんですか。

皆川　そうです。全部見た上で、全員に手書きで手紙を書いています。手書きというのは割合と大事なことで、その方が空気として伝わるのです。

川島　いつ頃からそうやっているんですか。

皆川　最初の頃からやっていますが、途中書いていない期間もありました。最近社員が増えたので、この間、初めて腱鞘炎《けんしょうえん》になっちゃいました（笑）。

川島　凄いですね。ただどの会社でも、社員は不満を持つものです。「社長の評価について私は違うと思う」みたいな声はないのですか。

皆川　あります。「なるほど」と思うこともありますが、たいていの場合、そこには矛盾とかつじつまの合わないことが含まれているんです。だからやっぱり、話し合う必要があると思います。それで最終的に、当初の判断を変える場合もあれば、変えない場合もあります。

働く喜びを考えることが大事

川島　昨今、よく言われている「働き方改革」はなかなか難しいと思いますが、いかがでしょうか。単に残業を減らして適正な時間だけ働くという話ではないし。

皆川　同じ働くのであれば、早く時間が過ぎないかなと思ってやるより、精いっぱいやった方が楽しいのではないでしょうか。充たされた時間を過ごした方がいいに決まっていると思うんです。僕は「とりあえず給料をもらえればいい」という空気の人と波長を合わせるのは、とても難しいと感じています。

川島　皆川さんのところにも、楽しく働けていない人がいるんですか。

皆川　いるかもしれません。

川島　そういう人に対して、社長としての皆川さんはどう対処するのですか。

皆川　さりげなく話したりします。一番ハードに働いていそうな人たちを、僕からランチに誘って一緒に行くこともあります。必ずしもすぐに効果が出るとは限りませんが、少なくとも何かのきっかけになるかもしれないと思ってのことです。

川島　社員に対しても、関係者に対しても、お客に対しても、皆川さんのきめ細やかさや

誠実さは変わらないですね。最後に、皆川さんが未来に向かってやっていきたいことは何ですか。

皆川　モノも行動も思考から生まれる価値です。ですから、その価値をモノ作りとホスピタリティの両方で表現していくような仕事をしていきたいと思います。

川島　何だかちょっとかっこ良過ぎますが（笑）。経営のバトンタッチについてはどうとらえていますか。

皆川　もちろん考えていますし、この十年以内には渡そうと思っています。が、その際、注意しなければいけないのは、これまでお話ししてきたような考えを深く理解した上で、実行していってもらうこと。モノ作りと、働くということと、働いている人の暮らしが、バランスよくあるような会社になればいいなと思います。その上で社会に役立つ状態を保ってもらえたらと思います。

川島　ものすごく大きな構想ですね。

皆川　自分が作った会社ですし、最初から長く続くことを大きな目標として掲げてきたので、良いかたちでバトンタッチしたいと考えているんです。

川島　皆川さん流の工夫と知恵が感じられてびっくりです。今日うかがったことのひとつひとつが、会社としてのミナを成長させていることがわかりました。未来に向けたミナの活動がどうなっていくのか、楽しみにしています。

多様な幸せのあり方を受け容れられる社会になって欲しい

西川美和さん

西川美和さんは、映画監督として『ゆれる』『ディア・ドクター』『永い言い訳』をはじめ、数々の映画作品を生み出している。とともに、映画と連動した小説を何冊も上梓している多才な方。私は若い頃から映画を観るのが好きで、人とその心のありようを丁寧に描く西川さんの世界が大好きだった。

二年ほど前、伊藤忠商事の広告プロジェクトでご一緒することに決まった時は、心の中で有頂天になったのを思い出す。今回改めて、西川さんが映画や小説をどうやって生み出しているのか、その眼差しの先に未来はどう見えているかを聞いてみた。

西川美和 にしかわ・みわ
映画監督、脚本家、小説家。一九七四年、広島県出身。早稲田大学第一文学部卒業。在学中に是枝裕和監督作『ワンダフルライフ』にスタッフとして参加。フリーランスの助監督として活動後、二〇〇二年にオリジナル脚本の『蛇イチゴ』で監督デビュー。第五十八回毎日映画コンクール・脚本賞ほか、数々の新人賞を受賞。二〇〇六年、長編第二作『ゆれる』を発表し、第五十九回カンヌ国際映画祭監督週間に出品。国内で九カ月のロングラン上映を果たし、第五十八回読売文学賞戯曲・シナリオ賞ほか、多くの映画賞を受賞。そのほかの映画に『ディア・ドクター』『夢売るふたり』『永い言い訳』、小説に『ゆれる』『きのうの神さま』『その日東京駅五時二十五分発』『永い言い訳』などがある。

いまだに監督という仕事が自分に向いていない気がする

川島　西川さんは、映画監督だけにとどまることなく、ご自身が手がける映画の原作もシナリオも書かれています。

西川　もともと映画監督を志望していたわけではないんです。ただ、子どもの頃から、書くことには根拠のない自信を持っていて、そういう仕事に就きたいとぼんやり思ってはいました。ただその後、今度は映画にかかわりたいと、何となく考えるようになったんです。映画のエンドロールを見ていると、多くのスタッフがかかわっている。あそこにひとつくらい、私の席があるんじゃないかって。それがたまたま、是枝監督の下で仕事をさせていただくことになり、今にいたっているんです。

川島　監督に見初められたっていうことですよね。

西川　いや、単に助手が欲しかっただけだと思うんです（笑）。でも周囲からは、将来、監督になる人という目で見られるようになりました。一方、私の中では監督なんて到底できるはずがないというか、そんなポジションは大きすぎて無理と思っていたんです。でも、シナリオを書く仕事だったら少しはできるかもしれないと書いてみたところ、是枝監督が見てくれて、自分で書いたのだから、自分で撮ってみればと勧められました。それが監督になったきっかけです。だから、いまだに監督という仕事が自分に向いていない気がしていて、映画に対してそこまで責任を取りたくない（笑）。自分が背負いきれるようなものではないという疑問をどこかに持っているんです。

川島　全然、そんな風には思っていませんでした。彗星のように現れて、撮った映画が次々に世の評価を受け、作家としても活躍されている。凄い才能だなぁって仰ぎ見ていたんです。でも、西川さんが監督を続けているのは、どこかに魅力があるからですよね。

西川　やっぱり大勢の人間がかかわって、切磋琢磨の末、ものが作られていくところに醍醐味がありますね。自分一人では出てこなかったものが、多くの人と一緒にやると生まれてくる。そこが映画のおもしろさであり、やる意味があると最近は感じています。

川島　以前はそうではなかったんですか。

西川　監督という仕事はこうでなければ、という思い込みがあったんです。私は強いリーダーシップを持って即座に判断をくだすのが得意ではないのに、監督は何を質問されても、即決即断する人であるべきととらえていたので、みんなについてきてもらうため、周到にやらなければと考えていたのです。

川島　ああ、わかります。私もリーダーシップがない人間だなぁと、つくづく嫌になることが多いのですが、人からは〝強い女〟って見られちゃうのです。その度に、外から見える自分と本当の自分ってギャップがあるものだなあと、つくづく思います。でも、西川さんも同じとうかがって、勇気が湧いてきました（笑）。

執筆する時は、その世界に自分を押し込める

川島　今日は執筆の合間に時間をとっていただいたのですが、書く時は、どこかにこもってぐっと集中されるのですか。

西川　長いものを書く時は、広島の実家に帰ってやることにしています。幸い、母が元気なので食事も洗濯も頼りっぱなしで（笑）。

川島　執筆にどっぷりの毎日となると、だいたいどんなタイムスケジュールなのでしょうか。

西川　昼の十二時くらいに起きて、家族と一緒にご飯を食べ、それから夕方まで、近所のコーヒーショップで仕事をして、夕食どきに実家に帰って食事とお風呂をすませます。そして夜の八時から朝まで、再び仕事します。とにかく延々と机についていることが大事

で、人とのかかわりを一切断って、他のことは考えない。寝ても覚めても、その世界に自分を押し込めることにしています。不器用な人間なので、一度、他のところに頭が行ってしまうと、作っている物語に戻るのに、すごく時間がかかってしまうんです。

川島　書き続けることが嫌になったりしないのですか。

西川　もちろんなりますよ。でも、嫌になって逃げたところで、ツケは自分に回ってくるだけですから、逃げても仕方ないんです（笑）。セルフコントロールが下手で、遊ぶ時は遊びたいし、仕事する時は仕事したいので、そうせざるを得ないというのが本当のところです。

川島　今回の執筆は映画のシナリオですか。

西川　そうです。今までの映画は、脚本からオリジナルで書いて映画を作ってきたので、「こだわっていますね」と言われることもあったのですが、自分の頭だけで作っている世界に少し飽きてきちゃって（笑）。今回は三十年前に書かれた小説を、現代に置き換えて書き直し、シナリオに仕立てているんです。十三年間も刑務所に入っていた男が社会にもどってきて、もう一回人生をやり直せるかどうかという話です。人間って、いろいろなところで道を踏み外すし、想定したことと現実が違ってくることは、誰にもあると思うんです。だけど今の世の中は、一回レールから外れると、やり直しがしづらいように感じています。いろいろな壁にぶつかりながら、やり直そうとしている人間の姿を描いてみたいと考えたんです。

川島　文章を書く時は、取材をある程度した上で書かれると思うのですが、最初に構成ができているのですか。それとも書きながらどんどん変わっていくんですか。

西川　最初に青写真ができていて、それを埋める作業にしていきたいと思ってはいるんですが、変わらざるを得ないというのが正確なところかもしれません。取材については、割合と徹底してやっています。特に今回は、元受刑者や元暴力団員といった人をはじめ、社会復帰していく上で受け入れる行政側の人、法務省やハローワークまで、ありとあらゆる人に百人近くお会いし、いろいろな話を聞いています。知ることによって出てくるアイデアもあるので、徹底的に調べようと思っています。

川島　映画の原作を書く場合は、文章と映像はつながっているのですか。

西川　イメージはしますが、つながっていない状態の方が楽しいです。イメージした世界を実際に映像化していくのは、具体の連続です。だから人やお金、時の運みたいなものも必要になってくる。つまり、自分がコントロールできないことがほとんどという状況なん

ですね。だから、言葉の世界で完結するのは、自分の王国を築くことでもあり、気楽でもあります。

向いていないなりのアプローチをしていくしかない

西川　私はそうなりきれないところがあるのですが、監督という仕事に必要とされる資質のひとつは、人の苦労に対して、いちいち胸を痛めないことなんですよ。

川島　ある意味、自分勝手ということですね。

西川　人にとことん尽くさせるタイプの監督像はひとつの定型ですが、尽くす方も、監督の役に立つことを楽しんでいるふしがあって（笑）。たしかに作品や監督のために、身を粉にしてがんばったのに「そんなに気を使わないで」と恐縮されてしまったら、尽くし甲斐もありませんよね。そういう意味では、需要と供給のバランスがうまくとれているんでしょうか。

川島　経営者の中にもワンマンタイプの人って意外と多いんです。周囲の苦労をものともせず突き進んでいくのに、なぜか社員がついていっておもしろい仕事ができていく。だから、そういうリーダーシップのかたちは「あり」なんでしょうね。でも、それとは違うかたちで、西川さんなりのリーダーシップをしっかりお持ちだと思います。

西川　世の中は、必ずしも向いている人が、向いている仕事をやっているわけじゃないと思います。だから、監督という仕事について、私は向いていないなりのアプローチをしていくしかない。うまくいっている人たちをねたまない。自分のやり方をするという風にとらえています。でも本質的には向いていないから、現場を続けていると、どこか壊れそうになり、自分だけの世界にもどる。大勢でやっているからこそ一人にもどりたくなるし、一人だけで世界を作っているからこそ人恋しくなってかかわりたくなる。そこを行き来しているのだと思います。

川島　そうやって自分をどこか、客観的に見ているんですね。

西川　どんな仕事においても、自分を客観視するというのは、すごく大事なことだと思います。監督という仕事を少し客観的に言うと、自分との戦いであり、他人との戦いであり、数えきれないほどの折衝を繰り返しながら、映画を作り出していくんです。

川島　そういう中で、良い映画にするために、何か工夫されていることはあるんですか。

西川　人が楽しんでやれる現場を作ることだと思います。俳優にせよ、スタッフにせよ、どれだけ自主性を持って、自分のポジションに取り組んでいるかというところが大事です。

川島　それはもう現場の空気に出るわけですね。

西川　必ず出ます。現場というのは生き物ですから。この人は前作では大活躍したのに、今回は何かのっていないということもあります。それは、その人の人生がどの時点にあるのかにもよってきます。あるいはその人にとって、誰かをサポートする時期を終えて、そろそろ一本立ちする時期に差しかかっているのかなとか。

川島　そういうことを繊細に受け止めながら、どうやってチームを率いていらっしゃるのか、こつがあったら教えて欲しいです。

西川　実際のところは、くよくよ考えます。もう、くよくよの連続なんです（笑）。

自分の意見を言うところから、自分で思考する癖がつく

川島　企業で言えば、是枝監督は西川さんの上司と言える存在です。どのように育てられたのでしょうか。手取り足取り教えるという感じでもないし、俺の背中を見て学べという感じでもないし、とても興味があります。

西川　助手をしていた時代に多くのことを学びました。是枝監督は、私に意見を求めてくるんです。「これってどう思う?」とよく聞かれました。そしてその中から、いいところだけ使っていくんです（笑）。採用するかどうかは監督の基準ひとつ。ただ、求められた意見について、どういうことを言っても、「お前は黙ってろ」とか「そんなつまらないこと言って」という反応はまったくないんです。意見を言って褒められた記憶はありますが、叱られたことはありません。

川島　いい上司じゃないですか。ただ、自分の言ったことが採用されない状況が続くと、萎えちゃうかもしれません。

西川　とてもドライなので、育っていくのもいかないのも本人次第という人なんです。でも、そういう経験を通し、助手としての仕事は、駒のひとつになることではなく、自分の意見を言うことだと教えられました。それが私に課された役割であり、責任を持たなければならないということです。自分の意見を言うところから、自分で思考するという癖がついたと思います。

川島　今の西川さんは、上司として部下を育てていく立場にあるわけです。

西川　上司としては、何でも自分でやってしまうので、下の人がやりづらいタイプかもしれません。誰かにやらせる人の方が、実は周りは楽なんです。私は「自分でできるから」と言ってしまうので、何をやればいいかわからない人もいそうです。三十代までは下に人をつけずにやってきたのですが、これからはそうはいかない。人を抱えるということは、自分がやろうとしていること以上の仕事をやっていかないといけない。どうやって育てていくかについて、トライアルアンドエラーで始めたところでもあります。ただ、監督である私が答えを提示する前に、「私はこう思う」と自分の意見が出てくる現場は、良い映画を作っていくために大事だと思っています。

川島　会社でも同じことで、多くの社長は社員に対して、「言われたことをやるのではなく、『自分はこう思う』と発案して欲しい」と考えているのに、大半の社員がそうなっていないことに悩んでいます。どうしたら、「私はこう思う」という状況に持っていけるのでしょうか。

西川　この看板を背負えることが誇りという会社だったり、チームだったりということは、意外と大事ではないでしょうか。映画であれば、この監督の作品はずっとやりたかったと思ってくれている。そういう現場ではスタッフや俳優の顔がきらきらしているんです。だから私は、「これはいい話だ」と思ってもらえるようなシナリオを書かなければと思っています。一作一作、自分がやっていないことをやってみよう、やっていかなければと考えています。

自分なりの幸せな時間の作り方ができるようになっていけばいい

川島　西川さんの目から見て、遠い未来というより、明日からの未来について、どんなことが気になっていますか。

西川　先日、パラグアイに行ってきたのですが、人が生きている時間、過ごしている時間が日本とまったく違うんです。どの家も午後遅めには、屋外に置いてある椅子に座って、ゆっくり家族で過ごしている。それも騒がしさや忙しなさがまったくなく、穏やかで物静かなんです。最近、日本で言われるようになっている〝生きづらさ〟みたいなものと対極にある暮らしが普通に営まれていると感じました。

川島　パラグアイについての知識がほとんどないのですが、経済的には、あまり豊かではないイメージがあります。

西川　ものの豊かさで言えば、日本とは比べものにならないほど貧しい。でも、ああやってゆったりと人生を過ごしている。日本人も、自分なりの幸せな時間の作り方というものが、もう少し個別でできるようになっていけばいいと思いました。もともと日本人は、繊細な気配りをするところがあって、それはとても良い面でもあるんですが、人にどう思われるかというところに敏感過ぎる気がしますね。つまり、自意識が肥大化してしまい、それが重苦しい空気を作っているような気もします。もうちょっといい加減で、乱暴でもいいはずの若い人の中にも、自意識に縛られて萎縮している人がいるのではないでしょうか。

川島　私は時間の使い方ということで言うと、最近、何かと取り沙汰されている「働き方改革」という言葉が気になっています。

西川　早く仕事を終えて家に帰るのが、本当の幸せであればいいのですが、今の状況でみんながそうなれるのかには、大きな疑問があります。そのために制度だけが先行してできてしまうのも、日本の良くないところです。

川島　何時から何時までが仕事の時間と区切り、残業には面倒くさい申請書が必要、パソコンの持ち出し禁止など、「働き方改革」の旗印のもとにたくさんの規則ができて、私は「これって呼吸ができない」と身体が反応しちゃいました（笑）。環境に縛られていくことが本来の「働き方改革」ではないし、それは人の幸せにつながっていかないと思うんです。

西川 「何時以降はオフィスは消灯」とか、修学旅行ではないんだからやめなさいと思っちゃいますよね（笑）。作ったルールに則っておけばうまくいくと思っている節があるんですが、実際のところ、そういかないことが多いんです。右へ倣えとしておけばうまくいくという思考停止の状態は、日本人がやりがちなことですから、「働き方改革」もそこに陥らないようにしないといけません。もっと深いところで、人の暮らし方、働き方の本質について、考えていかなければならないと思っています。また、家族で過ごす時間が長い方が幸せとも限らないはずです。短くても自分たちなりの時間の作り方ができる人もいるので、多様な幸せのあり方を受け容れられる会社であり社会になって欲しいと思います。それを組織で決めようとすること自体、稚拙な世界という風に感じてしまいます。

川島 西川さんが幸せを感じるのは、どんな時ですか。

西川 やっぱり仕事をしている時ですね。良い環境の中で一人で仕事をしていると、得も言われぬ幸せを感じます。結局は貧乏性でぱーっと休めないんです。

川島 私もまったく同じ。三百六十五日、とにかく早朝は原稿を書いているし、それをやっている時が最も心が休まるんです。暮らし方も働き方も下手くそだなぁとつくづく。

西川　ぼーっとしろと言われると、私はかえってソワソワしてしまう（笑）。もちろん仕事の渦中では、集中力が途切れてサボってもいるのですが、その時のマインドがまた、必ずしも幸せではない。やらなくてはならないのがわかっているのに、こんなところでサボっていても、と不幸な感じになっていくのです。

川島　まったく同じです。どうしてこうも貧乏性で、せっかちなんだろうって。

西川　根っこのところに好きな仕事をしていられるからという理由があって、それが自分を支えているような気がします。

社会全体で子どもを育てていくというタスク

川島　「女性が輝く」とか「女性の時代」と言われることにも、どことなく違和感があります。

西川　今の日本では、結婚、出産というライフイベントをやると、仕事にとっては明らかなハンディキャップになってきます。映画界も実は、結婚していたり、子どもがいる女性に対するバックアップ態勢がゼロに等しいんです。監督という仕事を続けるのはほとんど不可能で、現場のスタッフたちも引退するしかないというのが今の状況です。パートナーの理解があるとか、親がバックアップしてくれるとか、そういう条件が整っている人は何とか続けることができても、そこがクリアできない人はキャリアをあきらめざるを得ないのです。

川島　普通の会社とほぼ一緒ですね。

西川　私自身、結婚も出産も経験せずに仕事を続けてきたのですが、そこに少し負い目を感じています。

川島　えっ、なぜですか。いろいろな生き方があっていいと思うのですが。

西川　何も考えずに仕事をとってきたわけですが、自分が前例を作らなかったという思いが、どこかにあるんです。「西川さんみたいなやり方もあるよね」というケースにならなかった。立ち止まらなかったから、こうやって監督を続けてこられたわけですが、一方で私は、映画を作るということだけで戦ってきて、後進の女性に対して新しい生き方のレールをしいてあげられなかったと、反省や後悔するところがあります。

川島　子育てを支援するという意味では、社会も会社も随分と変わってきたと感じているのですが、そのスピードが物凄く遅いような気がするし、組織にいる人たちのマインドが旧態依然としていると感じること、まだまだたくさんあります。

西川　制度やシステムを整えることも大事ですが、社会で子どもを見ていくことも含めてのタスクだという風に、会社や組織が変わっていかないといけないのではないでしょうか。自分の子どもを守り育てるという話ではなく、人の子どもの面倒を見ることが当たり前のように行われるようになったら、随分と変わってくると思うんです。その方が、お母さんにとってもいいのではないでしょうか。やっぱり一対一で子育てしていくのは、凄くしんどいことだと思います。

川島　私も自分で経験して、そこのところはしんどいとつくづく感じました。

西川　自分だけの責任となった時に、お母さんが追い詰められていくのは当然のことと言えます。「女性を輝かせる」とか言う前に、どうやってみんなで子どもを育てていくことができるのかを考えた方が、ずっと建設的だと思います。

川島　お母さん一人がすべて背負うのではなく、社会で子どもを育てていくって、明るい未来が拓けていきそうな感じがあります。

西川　女性の仕事の仕方って、やっぱり凄く丁寧だし、戦力として大きな助けになってくれるもの。知り合いにも働きながら子育てしている女性がいるのですが、子どもを寝かしつけ、夜中から未明まで仕事しています。けれども、そうやって、優秀であり強い意志を持った、一部の女性だけが仕事を続けられるという環境は、ちょっとどうかなと感じます。多くの男性は、結婚して子どもができても集中して働けるわけですから。そこまで優秀で強い意志を持たなくてすんでいる人もいると思うんです。

川島　同感です。未来研で行ったイベントで「わかっていない男たちへ　わかっている男たちへ」と題して、女性が働くことについて、私が感じていることを、ピアノをバックに朗読するイベントを行ったこともありました。「女性のため」という活動には少し遠慮があるのですが、あまりに変わらない現状に対して、できることはやっていこうと思っていて。

西川　何とか変えていって欲しいと強く思います。会社として必要なのであれば、たとえば子どもを連れてきて働いてもいい状況を作るくらいの気構えを持って欲しいし、日本はそれくらいやっていかないと、もうやっていけないのではないかと思います。

一汁一菜とは日本人としての「生き方」のこと

土井善晴さん

料理研究家である土井善晴さんは、数々のテレビ番組への出演や、多くの著書を通じて私がずっと憧れてきた方。一九九二年に「おいしいもの研究所」を設立し、料理に限ることなく、食文化とその周辺について、さまざまな考察や研究活動を行っている。
日々の暮らしにおける食は、関心が高まっている領域のひとつ。環境問題や健康志向とのかかわりはもちろん、グルメを極める食がある一方で、コンビニに代表されるような簡単で便利な食など——未来に向けての食はどうなっていくのか、暮らしの中における食の周辺は、どんな可能性を秘めているのかを聞いてみた。

土井善晴《どい・よしはる》
料理研究家。大学卒業後、スイス、フランスでフランス料理、大阪で日本料理を学ぶ。料理学校勤務後、一九九二年に独立。日本の伝統生活文化を家庭料理を通じて現代の暮らしに生かす術を提案している。食育の講演会、出版、メディア、大学などでの指導、レストランプロデュースなど活動は多岐にわたる。

生きることと料理することはつながっている

川島　ご著書の『一汁一菜でよいという提案』は、たいへんなロングセラーになっています。土井さんが、一汁一菜を意識的におっしゃるようになったのは、何かきっかけがあったのですか。

土井　かれこれ十年くらい前のことです。大きなきっかけがあったということでもないんです。「毎日の献立を考えるのがたいへん」「結婚してちゃんと料理しようと思っても、働いているので負担に」「一人暮らしなので、自分のためだけの料理が面倒」など、いろいろな声が耳に入るようになり、それが気になっていたんですね。それで、料理屋のまかないやスタッフの食事などで、私自身がやっていたように、ご飯を炊いて味噌汁を作っといたらいいと言ってみたら、皆さん、ほっとして喜ばれたんです。

川島　今はスーパーにもコンビニにもデパ地下にも、バラエティ豊かな出来合いのものが揃っているので、下手に自分が料理するより豪華だし、もしかするとコストも安上がりと思いがちなんです。でも、料理研究の大家である土井さんからそう言われたら、背中を押された気分で「料理してみよう」と思う人が多いのでしょうね。

土井　その本意は一汁一菜でよいので、自分で料理してくださいということです。毎日の食事が外食では、栄養的なこともですが、料理するという人間らしい行為を失ってしまいます。動物の中で人間しか料理しないのです。そこに料理して、食べることの意味があります。

川島　ただ、もしかすると「一汁一菜」という言葉の意味さえ知らない人もいるのではと思いました。

土井　一汁一菜とは、ご飯と汁と菜一品、汁飯香のこと。菜とはおかずのことで、まずは漬物ですが、「ご飯、味噌汁、漬物」を基本とする日本の食事の型です。ご飯は言うまでもないですが、日本人の主食です。味噌汁は日本の伝統的な発酵食品である味噌を使った汁もの。いろいろな具を入れることができます。そして、野菜を保存するために塩をして発酵した漬物、この三つが一汁一菜なのです。

川島　本の一部には、献立が写真入りでのっていて、具だくさんでおいしそうな汁ものがいっぱい。しかも手軽に作れて身体にやさしそうで、作ってみようと思いました。一方、これだけ豪華な食があふれている中で、「一汁一菜？　そんなに簡素でいいの」という思いを抱いたのも事実です。

土井　大丈夫です。料理とは、洗濯や掃除と同じこと。毎日繰り返す日常のひとつととらえればいいんです。暮らしにおいて一番大切なことは、毎日、ここちよい場所に帰ってきて、自分の心の置き場を持つことで、料理して食べることでそれができるんです。だから、学生の一人暮らしだって、自炊すれば自信が持てる。

川島　洋食でなく和食の理由は、どこにあるのでしょうか。

土井　世界の各国には、それぞれの民族の知恵が入った食文化というものがあります。それは、人間の歴史と同じほどの時間をかけ、できあがってきたものです。そして、それぞれの民族にとっての「栄養価値」と「安心」と「おいしさ」が備わっている。毎日食べても食べ飽きることもないし、健康を害することもない。現代人なら、ダイエットになり、感性も豊かになるはずです。それが一汁一菜です。それが作りやすい家庭料理というだけでなく、和食を未来に残すことにもなります。具だくさんの味噌汁の正しさは、食べられるゴミがなくなるということで、証明できます。

川島　料理がそんなに大事とは、正直思っていませんでした。

土井　食べるだけなら、家庭料理はいらないわけですから、料理して食べることが食事です。料理することは、すべての始まりです。自分で作って、自分が食べる。家族が作って

自分が食べる。自分が作って家族が食べる。自分は家族です。料理することが大事です。

脳が感じるおいしさをあまり信用してはいけない

川島　本の後半では、「作る人と食べる人」の関係性や、「おいしさの原点」という和食のルーツ、「和食を初期化する」という食と暮らしや文化とのかかわりに触れていて、料理本とは違う広がりを感じました。

土井　男の人にも読んでもらいたいと思ったんです。うちの父（＝土井勝さん）も料理研究家ですが、当時は、家で料理するのは女性の役割という社会通念がありました。何しろ「男子厨房に入らず」の時代の人ですから、男の威厳として家で料理することはほとんどなかったのです。

川島　なるほど。奥さんが一汁一菜の料理を出した時、「なんだこれは」と言われたら、うーんと困っちゃいます。だから、男性に一汁一菜の意味を理解してもらうのは、とてもいいことですね。でも、そこまで理解してくれたら、次は厨房にたって、たまには料理して欲しいと思います（笑）。

土井　本を読んで、実際に料理してくれるようになったという男性も大勢います。人生が変わったとお礼をわざわざ言ってくれる人も多いです。アマゾンのレビューを見てください。料理にどれだけ苦しんでいた人が多いかということがわかります。料理は難しいことじゃないんです。一汁一菜は老若男女誰でも作れます。

川島　ただ一汁一菜は、見た目に豪華かと言われるとそうではないです。手をかけないことにも、少し気後れを感じます。

土井　一人暮らしなら、お膳の上にきちんと並べて、きれいに整えることです。日本食には昔から、「ハレ」と「ケ」という考え方があります。「ハレ」とは特別な祭りごとであり、「ケ」は日常を意味しています。「ハレ」には手をかけた料理がありますが、「ケ」は一汁一菜、必要最小限の食事です。そもそもの「ハレ」のご馳走とは、神様のために作るもの。

川島　具体的にどんな違いがあるのですか。

土井　「ハレ」のご馳走は憧れです。ご馳走を食べることは楽しいことです。現代人はそれが毎日のようになって、体調を崩した、それが生活習慣病です。「ハレ」の料理は美味しいところばかり食べるからゴミが出ます。「ケ」の食事にはゴミがないんです。もし本当にみんながやればゴミがなくなるということです。全部食べきることができるんです。

だから、簡単だし、持続可能です。

川島　正反対のものが、暮らしの中で共存しているわけですね。

土井　「ケ」とは日常で、「ハレ」というのは2カ月に数日あるくらいです。それで、生活にメリハリがあった。働くときは慎ましくして、「ハレ」の日は楽しむんです。現代では、それが逆転してしまったということです。

川島　なるほど、そういうことは普段の暮らしの中で、あまり意識しなくなっています。

土井　現代人が求めるおいしさというものが、肉体の欲望の快楽です。たとえばフォアグラ、キャビア、霜降り肉、マグロのとろも、脳が喜ぶおいしさなんです。でも実際のおいしさは、もっと別のところにあるのではないでしょうか。

川島　別のところと言うと、どんなところですか。

土井　私たちの身体の中にある細胞ひとつひとつが感じるおいしさです。実際、うちで一汁一菜を食べた人が言ってくれるのは、「おいしい」ということより、「身体がきれいになった気がする」「今までと違うところでおいしさを感じる」ということが多いのです。

川島　細胞が感じるおいしさと、脳が感じるおいしさは、どう違うのでしょうか。

土井　脳が感じるおいしさを、あまり信用してはいけないと思います。すべての動物は感

覚で生きていて、脳で生きているのは人間だけ。先ほど言ったように、日本の食の周辺は、脳で感じるところが大きくなってしまって、感覚で感じるところがないがしろにされている気がします。身体が喜ぶおいしさというのは、昔ながらに食べついできた季節の野菜などです。

直感を導くプロセスにこそ日本人の力がある

川島　感覚を働かせて料理するとは、どういうことなのでしょうか？

土井　「おいしく煮えてるかな」と心を働かせることとです。それが料理です。レシピ通りに作ったら、自分の感覚は使わなくなるんです。レシピは設計図ではありません。食材は自然ですから、いつも違います。同じものはありません。ですから数字よりも自分を信じることが、感覚を使うということです。もし私が、きっちり決めた分量通りにやろうと思ったら、七十点くらいのものしかできないのではないでしょうか。

川島　えっ、どうしてですか？

土井　何かに頼ると、人間は感覚を働かせなくなるのでしょう。あらゆるものが日々刻々と変化していくので、完璧な再現性などないんです。たとえば味噌は生命体ですから、昨日の味噌と今日の味噌は違うものになっている。経験することで、感覚は磨かれて、数値化されたものよりも、もっと繊細な判断が、人間にはできるんです。それを捨てるのは、あまりにももったいない。だれにでも、料理はできるんです。

川島　お味噌の状態を見て、レシピ通りの分量ではなく、自分の感覚で分量を決めて作って味わうということですね。

土井　きれいなバラの花を見たら、きれいだと感じるでしょう。それが感覚を使うということです。きれいな音がする、きれいな色だ、おいしそうという感覚を信じることです。それが人間が持っている万能のセンサーです。ただ、そのセンサーを使わせない社会になってきているので、人間のセンサーは使わないと、なくなってしまいます。それはもうかなり進んでいると実感します。おいしいかどうかさえ、わからない。貴重なものだと言われたから、おいしいんだろうと納得しているかもしれないけれど、それは言葉を信じようとしているだけで、自ら湧き上がる実感が伴っていないんです。

川島　昔から「加減」や「塩梅《あんばい》」という言葉を料理では使ってきました。それはまさに、土井さんがおっしゃるところのセンサーということですね。

土井　感覚＝センサーとは、たとえば旬の野菜を食べたら、そこからくる香りや歯ざわりから動き出すものです。鮮度のいい旬の魚をきれいだなと思うし、食べると、考えるよりも先に、反射的に膝を打つような、おいしさがあるものです。だから、本来備わっていた感覚を、もっと使った方がいい。一汁一菜によって、今まで気づかなかった小さなことに気づく、感性が研ぎ澄まされてくると私は考えています。

川島　旬の感覚というのも、和食の特徴のひとつです。

土井　季節という感性は、身体が自然とつながっていることに、改めて気づかせてくれるものです。日本人は、まさに五感を使って料理し、食べることを続けてきたわけですから、繊細で豊かな感性を持っている民族であり、「情緒的にものを見る目」を持っています。つまり、日々の自然のうつろい、季節と結びついている旬など、情緒的にものごとを見て、感じる力があるということ。他の国でとうに失われたものを、日本人だけが持っているのかもしれません。

川島　ＡＩが発達してくればくるほど、人間の感性が大事になってくると思うので、未来に向けても大事なことですね。

土井　鎌倉時代に記された『方丈記』の冒頭に、「ゆく川の流れは絶えずして、しかもも

との水にあらず」というくだりがあるのですが、これは時間の中にある変化の一瞬を常に見つめている、そこに気づくことが大事と言っているのです。変化していく環境の中で、自分の感覚を働かせ、日々の暮らしを営むことは、日本人が古来続けてきたことであり、これからも伝えていった方がいいと、私も考えています。

川島　でも土井さん、企業にいると、感覚より理論が優先されがちで、脳がどんどん大きくなっちゃうんです（笑）。

土井　脳に入ってくるものばかりを信用するのはよくありません。日本の今の発展は、外国から学びながらさまざまな開発を行ってきた歴史の上にあります。そしてそれは、脳ではなく、直感を働かせてきたことによるのではないでしょうか。直感の働くところ、直感を導くプロセスにこそ、日本人の力があるのだと思いますよ。なぜ、その直感力を持つことができたのかを、考えるべきです。そこに答えがあります。

川島　環境問題をはじめ、未来に向けての大きな課題がいっぱいあって、不安を感じるところもあるのですが。

土井　未来に対しては、本当に不安だらけで、それを考えると、正直言ってしんどいです。だからと言って自分に何かできるかといったら、そんなに大それたことができるわけではないんです。だから私は、マザー・テレサが言っていたように、「早く家に帰って家族を大切にしなさい」と言うようにしています。それが真実です。

川島　土井さん自らもそれを実践していらっしゃるのですか？

土井　まあ、やっている方ちゃうかなと思ってます。家族に聞いたらまだまだと言われるかもしれませんが（笑）。

まずは「やってみること」が大事

土井　私は、料理するときは、まず、何度も作ってきた料理でも、いま初めて作るという気持ちになるようにしています。過去の自分よりも進歩したいからです。心を自由にすることで気づきがあります。新しいことに気づくと嬉しいでしょう。その小さな無限の気づきから、発見や発明が起こります。

川島　テレビの料理番組というのは、綿密な段取りが組まれていて、それにもとづいてやっていると思ってました。

土井　そういうやり方が一般的かもしれませんが、私は予定調和というのを極度に嫌うところがあって、先に枠組みが決まっていて、それにもとづいてやってくださいというのが苦手です。カンぺみたいなものを見せられて、その通りとなると全然できない。事前に仕込むと、絶対に失敗してしまうのです。

川島　仕込みがなく、先ほどおっしゃったように、初めてお料理する気持ちでやると、どんな発見があるのでしょうか。

土井　同じ料理であっても、そこにいたる方法は何通りもありますから、どの方法をとるかは、その状況によって選びます。それに、必ずしも、結果は同じでなくてもいいわけですから、違うことになってもいいのです。分量もバランスを崩しているものを調理することがある、それは失敗するかもしれない、というのはスリルです。スリルは、スパイスみたいなものですから、ワクワクするでしょう。でも、もしそれができたらものすごく嬉しいでしょ(笑)。そうやって、想定したものを超えていくのがおもしろいんです。

川島　料理番組に限らずということですね。

土井　番組中だって、失敗するかもしれない。失敗してもいいと思っています。失敗しないですけど(笑)。失敗してもいいと思ってできれば、嬉しいから、最高にいい笑顔になるでしょう。プロ野球のピッチャーがストライクをど真ん中に投げ込んでもダメでしょ。

コーナーいっぱいに、ひとつ間違えばボールというアウトコース低めのギリギリに投げるから、バッターを打ち取れるんです。料理だって、ギリギリのところ、これ以上やれば失敗というところに、すごいおいしさは潜んでいるんです。それがおもしろいんでしょ。

川島　可能性への挑戦でもあるんですね。

土井　少し横を見たり、遠くを見たりすれば、やったことがない世界は広がっているわけです。それを、ひとつだけの道に入ってしまうと、いつの間にか、そこから出られなくなりますから。

川島　でも新しいところに踏み出してみるのが怖い、失敗したらどうしようとか思わないのですか。

土井　本当に失敗したらいけないことはやらないです（笑）。無難な成功よりも、変化を優先させています。たとえ仕事が少し甘くなったとしても、失敗を経験し、変化することで、次の躍進につながります。

「きれい」という感覚をもっと大切に

土井　男として恥ずかしいのであまり言いたくなかったのですが、小さい頃からお花とかお人形とかに興味がありました。男性誌よりも女性誌、きれいなものが大好きです。

川島　土井さんの美意識の原点はそこにあったんですね。

土井　修業中、茶道の宗匠のお茶碗とか、ウン千万円もするという話を聞くわけです。ウン千万円と数万円の茶碗との違いが自分にはわからなかった。その美しさ、価値が私には見えなかったんです。見える人は立派な人ばかりですから、見える人、「わかったもんの勝ちや」と確信しました。だから、そうなるために、一時間あったら美術館とか道具屋に足を運びました。

川島　やっぱり究めることに関心が向いていくんですね。そして、あらゆるものに興味を持っていて、好奇心が豊かな方だと感じます。

土井　何かひとつを知ると、もっと次のことが知りたくなるんですよ。私はマラソンをしていましたが、マラソンをしていると自分の身体を見つめることになります。なぜ、長距離に強い人と強くない人がいるのかと考える。飛躍するんですが、それで科学的に身体を知りたくなって、ミトコンドリアが若返りのもとであるとわかってくる。強い人は、ミトコンドリアの生産性が極めて高いのではないかと考えるんです。それでもまた、そういう権威の方にお会いする機会があって聞いてみると、ミトコンドリアを生み出すには、適度な運動といい姿勢と食事がいいとおっしゃるわけです。それで私が思ったのは「これ、うちのおばあちゃんが昔から言うてきたことや」（笑）。でも、私は昔から姿勢がいい人が無性に好きだし、それだけで美しいと感じてきたとか、また興味が広がっていくんですね。

川島　どんどんおもしろくなっていって、いろいろなところに行って、自分で答えを探されるのですね。もちろん海外もたくさん行っていらっしゃるし。

土井　自分で見たり触れたりすることは大きいと思います。そういう経験の中で、無意識のうちに、無限の刺激を感じ、受け取っているんだと思います。それと、同じ場所にいたらわからないものが、いろいろなところに行くことによって見えてくるということもあります。たとえば、外国に行って帰ってきたら、いつも使っているお湯呑みがきれいとか、家の前の道が美しいとか、そういう風に感ずることもあります。私の中には、いつもいつもたくさんの疑問があるんです。そしてそれが、ふとしたことでつながったりもします。もともと私は、プロの料理人の世界を見て育ってきたわけですが、そこから家庭料理を見ると、違ったところが見えてきたり、つながるところが出てきたりします。じゃ、フランスの家庭料理から日本の家庭料理を見るとどうなるだろうとか。一つの対象にも、たくさんの視点を持つことができました。

川島　誰もがそういうことを続けていくと、土井さんのように、感性が磨かれていくのでしょうか。

土井　最高のものをとにかく見ることです。中途半端なものは見ないことです。見続けて、一年経てば、少し見えるようになったことに気づきます。また一年間見続ける、そうすると自分が一年前に何もわかっていなかったことに気づくことができます。それは成長です。その繰り返しです。今も、自分がわかっているとは思っていません。そういう意味では、自分を信じていないし、疑っています。

川島　えっ、土井さんにそう謙虚に言われてしまったら、素人はみんな自信がなくなっちゃいます。

土井　ただ、疑問は尽きることがないんです。今のお話で言えば、「きれい」という言葉は、日常的にたくさん使われていますが、「きれい」なものはなぜきれいなのか、ということです。たとえば、「美しい」や「かっこいい」とは違うわけです。

川島　どんな深い意味があるんでしょう？

土井　「きれい」は、人間の「真善美」といういちばん大切なものを三つ含んでいます。いつわりのない「真実」、悪意のない「善良」、濁りのない「美しさ」、人間の理想として好まれるものが入っているんです。「きれい」「きたない」というのは日本人の倫理観そのものです。

「もの喜び」できる人には大きな可能性がある

土井　以前、ある番組の企画で、ほんの短い間ですが、若い方と二人でキューバで暮らしたことがあります。あそこは、三百年くらい前にスペインが入って滅ぼされてしまった国。その時に、食文化も失われているんです。一度なくなったものは復活できないので、地元のレストランには文明的な料理しかなくて、あまりおいしくなかった。でも、人生の中で一番おいしい卵と、一番おいしいマンゴーを食べることができました。キューバは、農薬も、化学肥料もないんです。すべて自然農法で、何もないおかげで自然農法が発達した国なんです。

川島　へえ、どんなお料理だったんですか？

土井　いや、自分で目玉焼きやオムレツにしただけです。

川島　キューバでも一汁一菜ですね（笑）。

土井　必要に迫られてやったのですが。が、一緒に行った子が「この卵は汚れていませんね」と言ってくれました。私にはそれがわかりますが、何も経験のない自分の息子のような年齢の彼が、その違いに気づく感性を持っていること、その言葉を思いついて使ったことに、本当に感動してしまいました。それは彼自身が純粋だからわかるんです。彼自身が汚れていない証拠です。

川島　「今どきの若者は」とネガティブな話を聞くことって多いですが。

土井　あともうひとつ。泊まっていた部屋の真ん中に観葉植物があったんですが、殺風景だから、市場で買った花を彼にいけてもらったんです。花に触れて、ナイフで切って長さを揃えて、生まれて初めて花をいけて、机の上に置いた時、その部屋の真ん中にある観葉植物に気づいたんです。その部屋に数日いるのに彼には見えていなかったんです。それが花をいけた瞬間に「あれ、こんなところに、（観葉植物が）あったんですか」って気づいたんです。それは、花に触れるという経験をすることで感性が働いたのか、それとも植物の方が彼を認めて、声をかけたのかもしれないでしょ。

川島　素晴らしいですね。

土井　自分自身で小さなこと、素敵なことに気づける人を「もの喜びする人」と言います。それはまた、人の親切や愛情に気づく力でもあります。そういう人は素敵な人だし、幸せになる力を持っている人です。

川島　明るい未来の話ですね。

土井　それは、決して難しいことではありません、一汁一菜につながることです。同じことをくりかえす日常だから、小さな変化が浮かび上がってきます。それに気づくのが喜びです。

川島　土井さんのお仕事も、まだまだ続きますね。日本のために、どうぞよろしくお願いします（笑）。

「記憶」されているから未来が生まれる

田根剛さん

田根さんは、パリで「Atelier Tsuyoshi Tane Architects」を構え、日本はもとより世界各地の仕事を手がけている建築家。最初に出会ったのは、数々の建築賞を受賞したエストニア国立博物館の仕事を進めている渦中でのことだった。田根さんが建築に賭する考えを聞き、深く広い思想に心が動いた。

その後、クールジャパンプロジェクトの一環として私が手がけた「365」というプロジェクトにおいて、田根さんに空間デザインをお願いし、いい意味で頑固な仕事ぶりに感銘を受けた。昨年は日本で二つの大きな展覧会を開き、売れっ子になっている田根さんが、これからの日本をどう見ているのか聞いてみた。

田根剛 たね・つよし

建築家。一九七九年、東京生まれ。Atelier Tsuyoshi Tane Architectsを設立、フランス・パリを拠点に活動。現在ヨーロッパと日本を中心に世界各地で多数のプロジェクトが進行している。主な作品に『エストニア国立博物館』(二〇一六年)、『新国立競技場・古墳スタジアム(案)』(二〇一二年)、『LIGHT is TIME』(二〇一四年)、『Todoroki House in Valley』(二〇一八年)、『Furoshiki Paris』(二〇一八年)、『(仮称)弘前市芸術文化施設』(二〇一七年〜)など。フランス文化庁新進建築家賞、ミース・ファン・デル・ローエ欧州賞2017ノミネート、第六十七回芸術選奨文部科学大臣新人賞、アーキテクト・オブ・ザ・イヤー2019など多数受賞。二〇一二年よりコロンビア大学GSAPPで教鞭をとる。

GDPより人々の幸福度や地域経済を大切にする

川島　田根さんは、拠点をパリに置いてはいますが、日本にもしょっちゅう来ていますね。

田根　最近は、毎月来ている感じです。日本の仕事が増えていて、全体の六、七割が日本なんです。

川島　でも、アメリカやヨーロッパの仕事もたくさんやっているし、いろいろな国を訪れています。だから最初に、田根さんがおもしろいと思った国の話を聞いてみたいと思います。

田根　ブータンは興味深い国のひとつと感じました。小学校の時のサッカーチームで一緒だった友人がブータンの仕事をしていて、五つ星のホテルを作らないかということで行ってみました。ブータンには既に、アマンをはじめ高級リゾートホテルがいくつかできているんです。

川島　それで、どんな五つ星ホテルを作ろうと思ったのですか。

田根　その前に、実はその時、国政のトップを務める首相とお会いすることができたんです。

川島　えっ、首相ですか？　凄いですね。

田根　ひょんなことからそんなラッキーが起きたのですが（笑）、そこで首相から聞いた話が素晴らしかった。ブータンは、伝統を守りながら、皆の幸せを考えている国という話に心が動きました。それにもとづいた施策もやっていて、たとえば木を一本切るにも許可がいる、ビニールはできるだけ使わないなどのことをきちんとやっていて、土地に息づいてきた自然を財産ととらえ、守っているんです。

川島　でもやっぱり、五つ星ホテルは作るんですね。

田根　僕もどんな風だろうと行ってみたんです。確かに豪華なリゾートではあるのですが、ブータンにいるというリアリティは感じられない。それで友人に、五つ星ホテルを作るのではなく、「五つ星の村」を作ったらどうかと提案したところ、それは良いアイデアだということになり、話がどんどん進んでいって、僕も少し驚いています。

川島　「五つ星の村」ということなら、環境を壊して新しいものを作るのではなく、それを活かすこともできますね。素晴らしいアイデアです。

田根　僕は「村での体験」を五つ星にできないかと考えたのです。観光客は「五つ星の村」を訪ね、お米や野菜を収穫したり、名産のマツタケ狩りをしたり、村祭りに参加するなど、贅沢で豊かな体験ができるわけです。

川島 聞いているだけで、行ってみたくなります。

田根 また、ブータンは学校の授業が英語なので、大半の人が英語を話せるんです。

川島 経済的に繁栄しているという感じがあまりない国ですが、そういう教育は行き届いているんですね。

田根 学校は教養を育てるところ、家庭は人を育てるところ、仏教は思想を育てるところという風に、教育というものを分けていて、それが国民の間に根づいているんです。また、ネパールなど周辺にある国が、性急な近代化によって伝統や文化を失ってしまったけれど、自分たちはそうはなりたくないととらえています。国の豊かさというものがGDPという物差しで測られがちであり、ブータンのGDPは低いわけです。だからそこに焦点を合わせると経済発展ありきで、伝統や文化を損ないかねないということから、GNHという国民幸福度を設け、自分たちの幸せについて考えているんです。しかも、そこで言う幸せとは、個人の幸せではなく皆の幸せを指しています。

川島 皆の幸せって、そんなことが可能なのですか？

田根 「皆」とは、自分だけでなく周囲の家族や村の人たち、もっと言えば、暮らしている周辺の森、畑といったことまで含んでいて、それらすべてが幸せな状態にあることを望んでいる。自分たちの行動によって、先祖の人々が悲しまないように、未来の子どもたちが幸せでいられるようにということを考えているんです。

川島　素晴らしい話で、日本も学べることがありそうです。

早く成長して大きくなることだけが豊かさではない

田根　ブータンには、僕が国立博物館の仕事をしたエストニアとの共通点も感じました。国の規模をはじめ、自分たちが暮らしている地域を大切にしていること、余計な言い訳をせずに、物事をシンプルにとらえていて、それが集団で共有されているところなどが、よく似ています。

川島　物事をシンプルにとらえるってどういうことですか。

田根　何かを決める時に、過去の枠組みにとらわれることなく、大きな目的を理解した上で、実際の行動に移しているということです。

川島　日本の場合、たとえば木を切るのにお役所の許可が必要となったら、「今まではやらなくて良かったのにどうしてか」「隣村はいいのになぜうちだけそうするのか」とか、反対意見が次々と出てきそうです。その違いはどこから来るのでしょうか。

田根　ブータンでは、大きな目的は「皆の幸せ」にあるということが理解されているんですね。幸せというもののとらえ方が、豪華なゴハンを食べたり贅沢な買い物をすることでなく、日々の暮らしの中にあるということが、先祖から当たり前のように継承されてきているからだと思います。ブータンでは、お金を稼ぐことと生活することがイコール、つまりお金を稼ぐことが最優先ではなく、自分が朝起きて、ゴハンを食べて、働いて暮らしていく。困ったことがあったら友人に相談して助けてもらったり、嬉しいことがあったら一緒に喜び合うということが日常的になされており、それが幸せととらえられているのです。

川島　日本ももともとそういう国だったと思うのですが。

田根　戦後の日本経済は、作ったものを消費することによって成り立ってきたわけですが、それによって失われてしまったものは、計り知れないと思います。作る喜びがあって、それが伝わって人に喜んでもらっているという実感は、四半期決算で利益を上げることが重視された経済活動によって、どんどん失われてしまっている。作る側にも使う側に

も喜びがない消費によって疲弊しているのが、今の日本の状況と言えると思います。

川島　ものを買って使う側からすると、そんなに短期間で変わらなくてもいいし、そんなにたくさんの商品や店はいらないと感じている。なのに、相変わらず大量生産・大量消費を前提とした競争が繰り広げられていて、それに疲れているのは事実です。一方、作って売る側からすると、大きな歯車を高速で回し続けないと、すべてのことが成立しないようになっている。それが息苦しさになっているのかなと思います。

田根　早く成長して大きくなることだけが豊かさではない、それだけでは充たされないということを、皆がうすうす感じていると思うのです。ブータンのように自分たちが作ったものが、日々の暮らしの中で使われることで、生活や文化が営まれている。それを続けてきた国と、日本のように、そういうことを一度断ち切ってしまった国とでは、幸せの差がついてくるのは当たり前だと思います。

川島　ヨーロッパも、ブータンと同じような考え方なのでしょうか。

田根　文化が第一にあって、経済はそれを作り上げるために必要という概念が、当たり前のように根づいています。経済に対する考え方も「蓄積型」なのです。

川島　「蓄積型」？

田根　建築で言えば、日本は「建築は資産」ととらえているので、たとえば数億円かけて作った建物が、減価償却という仕組みによって数十年でゼロになってしまう。どんなに素晴らしい建築でも、資産価値はゼロということです。でも、ヨーロッパは「建築は財産」ととらえているので、「財産」として維持していこうという姿勢がきちんとあるのです。

川島　東京オリンピックに向け、多くの開発プロジェクトが進んでいて、さまざまな建物が作られていますが、あれ、私はちょっと怖いです。

田根　大量のお金が「資産」として使われたけれど、「財産」として何が残せるかというところまで考えていく必要があると思います。「資産」は数値化できても、「財産」は数値化できない。数値化できる価値だけを評価するのではなく、数値化できない価値を大事にしていかなければいけないと思います。

「場所の記憶」はずっと継承されていくもの

川島　田根さんとはいくつか仕事をご一緒していますが、デザインのコンセプトを立てるにあたって、ルーツに遡《さかのぼ》って物凄く深く考える手法をユニークと感じてきました。建築をデザインする時も、そこが素晴らしいと思っていて。最初からそうだったのですか。

田根 いえ、エストニアの国立博物館のコンペに参加してからのことです。あの時も、最初は新しい発想のもと、新しい建築をデザインしようと思っていたんです。ただよく考えていくと、あの国が背負ってきた負の遺産を未来につないでいった方が意味があると思いました。それで、エストニアという国の歴史を掘り下げていき、「場所の記憶」というコンセプトに行き着いたんです。

川島 以前に田根さんから聞いたのは、エストニアは第二次世界大戦中から、ソ連下の共和国のひとつであり、一九九一年のソ連崩壊時に、ラトビア、リトアニアとともに独立宣言をした経緯がある。それを背景に置き、国立博物館は建設予定の敷地にあったソ連時代の軍用滑走路を活かしたものに——全長千二百メートルに及ぶ滑走路のような建築は、独自性があって美しいと感じました。あれこそが、エストニアの「場所の記憶」なんですね。

田根 長きにわたって使われるのが建築であり、それをデザインするにあたって、「記憶」は物凄く大事だと思うんです。そして、「記憶」は過去を指すのではなく「未来を作るための原動力」ととらえているんです。

川島 「記憶」と「未来」が即座に結びつかないのですが。

田根　まず「記憶」は「記録」と違います。「記録」は過去に属していると思うんですが、「記憶」は過去のものではないんです。人は数知れない体験をしますが、「記憶」しているものとそうでないものがありますよね。「記憶」している事象とは、未来を必要としているものと、僕はとらえているんです。

川島　言われてみれば確かに。でも「記憶」をそんな風にとらえたことがなかったです。

田根　人の周辺には膨大な情報がありますが、「記憶」が最も強い情報ではないかと思っています。戦争や天災によって、すべてが失われてしまっても、人が生きる強さを持っていられるのは、「記憶」の力に拠るところが大きいのではないでしょうか。そしてそこから未来が作られていくと思うんです。

川島　つまり「記憶」から未来は作られていくということですね。

田根　そうです。「記憶」されているから、未来を作ることができる。だから僕は、場所の起源に遡って、そこで起こったさまざまな「記憶」を掘り返すことにしています。それは歴史的に大きなことだけでなく、忘れ去られていた断片的な「記憶」も含んでのことです。そこを踏まえた上で、遠い未来へ飛翔する可能性を探っていく。建築のデザインでも、そのプロセスを重視しているんです。

川島　ヨーロッパの教会や日本のお寺を訪れた時、そこに身を置いて過ごすことで、いつの間にか、建物のルーツを考えていたり、その場所が経てきたことに思いが及んだりしますね。

田根　建築にしっかりした「記憶」があれば、そういったことが、自ずと継承されていくと思うんです。日本の寺社仏閣を見に行くと、そこで働いている人たちが、あたかも自分が経験したかのように、いろいろなことを教えてくれる。「記憶」を継承して伝えることが、当たり前のこととして行われ、それが未来に向かっても続いていくと感じています。

川島　それって、建築に限らず、他のことでも言えそうですが。

田根　工芸なども同じことで、伝えられてきた手仕事の技術が「記憶」化され、継承されてきたのではないでしょうか。だから作られたものには、過去を否定して作ったものとはまったく違う価値が宿っている。古いものを消していくのではなく、遠い未来への継承も視野に入れながら続けていく。まったく異なる世界が拓けていると思うのです。

川島　人も同じことが言えるかもしれません。

田根　ＤＮＡには、その人が生きてきた環境の中で、何をどう感じたかも含め、人生を通して蓄積してきたさまざまな事柄が入っているので、すべて「記憶」と言っていいし、それが子どもに継承されていくんです。そう考えると、「記憶」と「歴史」の違いとは、人の「DNA」と「プロファイル」の違いと言い換えることもできます。「プロファイル＝歴史」は、たとえばどこの会社で何をしてきたかといったように、編集された情報を指しますが、「DNA＝記憶」は、誰かにこう言われた、あそこで転んで膝を擦りむいたといったように、編集されていない情報がすべて含まれているのです。人間はDNAを通じて継承していくわけですから、「記憶」が未来の人を作っていくと言っても過言ではないと思うのです。ちょっと何でも「記憶」に結びつけ過ぎかもしれませんが（笑）。

川島　いえ、説得力があるお話です。

これからは「思考のデジタル化」が進んでいく

川島　今回のテーマは、さまざまな分野の方に未来を語ってもらうことなのですが、ずばり田根さんはどう見ていますか？

田根　今は人類が過去に経験したことがないくらい、膨大な情報量が日々入ってくる時代。それにストレスを感じるところもありますが、僕はポジティブにとらえています。激変する環境に対し、人が変化していく過渡期なのではないかと。

川島　私はついていけない自分を感じちゃいます。

田根　それ以前の教育を受けてきた世代にとっては、少し違和感があるかもしれませんが、生まれた時からそういう環境にいる世代は、当たり前のように順応しています。となると、人の思考もデジタル化していくのだと思います。もちろん、それがすべて良いことばかりではなく、少し散漫になる部分もあれば、忍耐がなくなる部分も出てくるとは思います。一方で、たとえば小学校の一年生、二年生と上がっていくのではなく、小学生と中学生が一緒に勉強してもまったく違和感がない。ステップを踏んで進めていくという段階的な思考そのものも、これから変わっていくと思います。そして、思考のデジタル化と「記憶」はしっかりつながっているのです。

川島　「記憶」とデジタルは、ちょっと遠いと思っていました。

田根　「思考のデジタル化」において、「記憶」はもっと重要になっていくと思います。というのは、「記憶」とは「意味」だからです。

川島　まったく意味がわかりません（笑）。

田根　「記憶」を失うと言語が失われますよね。もっと大きなレベルでは、「記憶」を失う

ことで歴史が失われる、社会が失われるということも起きてくるわけです。まず、「記憶＝言語」なのです。ただそれは、言葉だけを指しているというより、言葉の「意味」も包括しています。たとえば、これは「コップ」と呼ばれてきた、飲み物を入れる器です。そして、その名前の背景に長い歴史があって、さまざまな「記憶」が積み重なっているのです。

川島　呼び名には、数知れない「記憶」が込められているということですね。

田根　もし「コップ」という言葉が、「机」という言葉になったら、大変なことになるわけです。ものには名前がついていて、名前はその「意味」を示しているので、これが変わってしまうと、ゼロからやり直すくらいの大ごとになってしまうのです。

川島　確かに「コップ」をある日突然、「デスク」と呼べと言われたら、「意味」があまりに定着しているので、物凄く混乱しちゃいますね。

田根　ですからそうならないために、人類はひとつひとつに「意味」をつけ、文化や社会を作ってきたんです。他の「意味」に変わってしまったら「記憶」からも失われてしまう。だから「記憶」と「意味」とは、切れない関係にあるんです。

川島　やっと少しわかってきました。

田根　「意味」には当然、「〇〇とはこういうもの」などさまざまなストーリーが含まれていて、それが一人の人だけでなく、「集合的＝多くの人」によって覚えられている。それが「記憶」だと思うのです。

川島　さっきのコップの事例も、まさに大半の人が集合的に覚えていて、それが長きにわたって使われてきたものです。ようやく「記憶は意味」と田根さんが言ったことの中身が腑に落ちました。

建築や都市の「記憶」を大切にしたい

田根　だから、集合的に覚えているということがなくなった時は、そのものの未来は失われてしまう。建築で言えば、東京の「ホテルオークラ」が大改築に入っていますが、かつての姿は、これからはもう写真でしか見ることができない。そうなると、いずれは「記憶」が失われ、未来から消えていく道を辿るわけです。

川島　街や都市についても、同じことが言えそうです。

田根　京都も物凄い勢いで開発が進んでいて、あれも、京都という街の「記憶」はどうなっていくのだろうと、少し心配しています。

川島　一方で、少しずつではありますが、良きものをきちんと残していこうという動きも出てきています。

田根　意識の高い方々の中には、お金をかけても良いものを残そうと考えたり、動いたりする人もいて、少しずつではありますが、変化の兆しはあります。

川島　国レベルで、そうなっていったらいいですね。

田根　そう言えば、税金の使い道ということで、エストニアの博物館を作った時、ちょっとおもしろいエピソードがありました。

川島　是非、聞いてみたいです。

田根　リーマンショックが起きたために、博物館を作る予算がなくなってしまったんです。それでEUから文化資金をもらうことができないかと動いたのですが、ギリシャやスペインの経済がひどいことになっている渦中でもあり、二度も断られてしまった。最終的には国民が納めた税金を使うことになったのですが、その時、エストニアの税金の仕組みがユニークということがわかりました。カジノとたばことお酒の税金はすべて、国の文化事業や知的制作物に使われると決まっているんです。

川島　「こう使うべし」となっているのがいいですね。

田根　日本でカジノを作る計画が進んでいますが、そこで得られる税金を文化事業に使ってくれたらいいのですが。

川島　政治がそういう視点を持って行われていること自体、素晴らしいと思います。

ルールは縛られるために作ったものではない

川島　出会った時は三十代になったばかりだった田根さんも、そろそろ四十代に向かう中堅どころになり、三十名のスタッフを抱えるAtelier Tsuyoshi Tane Architectsの社長でもあります。

田根　これからの時代に向け、日本でもっと、若い人や新しいことをやりたい人が、何かをやり遂げようとする気持ちが湧いてくる、がんばってもいい環境ができていったらいいと思うし、自分の組織もそういう風にしていきたいと考えています。ある目的に向かって本気でがんばれば、意外と道は開けてくるのではないでしょうか。時代や社会が変わっているのに、今を守り続けようとするよりは、そこに合わせて、もっと言えば自ら変えてい

こうくらいのエネルギーがないといけないと思います。

川島　そういう話を聞いていると、何だか元気が湧いてきます！　一方、田根さんは社長でもあって、リーダーシップを発揮する立場でもありますよね。

田根　一応そうです（笑）。勘違いしてはいけないのは、本気でがんばることは、自分のわがままを通すことではないということです。うちの仕事は全部チームワークでやっていますが、それぞれに役割があって、本気でがんばっていく。守る人もいれば攻める人もいる、声を出す人もいれば裏で支える人もいる。ある目的に向かって、助け合いながらも、それぞれの役割をまっとうしていくことが大事なんです。

川島　仲間感覚で「一緒にがんばろうぜ」でもないし、個人の成果主義で「自分の仕事さえ評価されればいい」でもないということ、よくわかります。ただ最近、組織の規則がやたら増えているんです。

田根　ルールというものは、そもそも豊かになるために作ったものなので、縛られるために作ったものではないというところに、一度立ち返る必要があると思います。既成概念に縛られて物事が変わらないというのは、とてもおかしなことですから。

川島　おっしゃる通り！（笑）

田根　この間、うちのスタッフから言われて、凄く嬉しかったことがあったんですよ。「田根さんが世界を飛び回ってから帰ってきて、言うことが行く前と同じだったら疑った方がいいと思っている。スタッフの役割は、田根さんが考えていることをどんどん引き出して実現していくこと」と言われたんです。

川島　なるほど、朝令暮改があっていいし、それは当たり前という話ですね。そういう前向きなスタッフがいれば百人力ですね。最後に、田根さんが未来に向けてやっていきたいことはどんなことですか？

田根　建築という仕事は、そんなに数をやるものではないし、場所と人の出会いがあって初めて、建築はできると思っています。そこは少しもブレるところがなくて、これからもそういう仕事を続けていきたいし、その思いをスタッフと共有していきたいと考えています。

川島　でも田根さんはどんどん売れっ子になってきています。もし凄いお金持ちから「好きにやってくれ」みたいな依頼が来たらどうしますか？

田根　大丈夫です。人の想いがない建築には興味がないんです。僕という人を知って頼んでいるのか、名前だけ見られているのか、お金だけの仕事は、何となく勘でわかるものなんです（笑）。

川島　その勘、大事ですよね。これからのますますの活躍、楽しみにしています！

★書くことへのこだわり

「いつからものを書く仕事をしたいと思ったのですか」とよく聞かれるが、正直、答えに困ってしまう。小さい頃から、取り立てて作文が上手だったわけではない。ただ、本を読むことは大好きで、物語の世界に浸りながら、あれこれ空想ばかりしていた。

大学時代、編集やライターという仕事には興味津々だった。一九七〇年代後半から八〇年代は、数々の雑誌がキラ星のように輝いていた時代でもあり、そういう仕事に就けたらいいなと思っていたが、その方面に才はないと、はなからあきらめていた。

伊藤忠ファッションシステムに就職してから、たまたま文章を書くチャンスがあり、「はい、やってみます！」と手を挙げたのが、物書き仕事の始まりだった。できがいい書き手では決してないし、うまいねと褒められた記憶はほとんどない。自分では「最高にうまく書けた」と思っても、上司やクライアント、編集者から直しが入る上に、紙に刷られた状態で読むと「こんなはずじゃなかった」となる。

しかし、そうやってへこんでも、書く仕事は大好きだったのである。それはなぜなのか――恐らく〝文字を通して伝えたい〟という気持ちが物凄く強いからだと思う。私はゼロから物語を紡いでいく作家ではなく、取材した話をもとに文章を綴っていくライター。「こんな良い話があるからもっと知らしめたい」「これっておもしろい話だから伝えたい」が根っこにあるのだ。

また、文章を書くことを前提とすると、好きな人に会えるのも、この仕事の醍醐味。インタビュアーとして「おもしろい」話を聞ける喜びは、何度味わってもいいものだ（その後、文章にするという手間さえなければ）。

一方、どうして会社員を続けながら物書きをしているのか、二足の草鞋を履いている意味をよく聞かれる。それは、「どちらも好きだから」という理由もあるが、私の中では両者がつながっているから――インタビューで出会った人と仕事してみたいと思うし、プロジェクトを通して知り合った人のことを書いてみたいと思う。そして、その双方が実現できるのが、今の私の立ち位置なのだ。

本を出し始めてそろそろ十年が経とうとしている。朝三時に起きて原稿を書き、昼間は会社の仕事をしながら、合間に原稿の手直しをして夜は九時に就寝するという、一風変わった生活スタイルがすっかり身についてもいる。そして、書くことへの思いは、ますます強くなっている。

文章を書いている時が最も集中できるし、心身ともにリラックスできるひととき。これだけは、何をおいてもやめられないし、一生の仕事として続けていけたらいいと願っている。

④ 未来研がこれからしていくこと、したいこと

たくさんの出会いがあった六年間

未来研はこれからどこに向かっていくのか――スタートして五年が終わろうとする頃から、そんなことをつらつら考えるようになった。

過ぎし六年間を振り返ってみると、何より自分の身体を動かして、いろいろなことをやってみたのが勉強になった。頻度が高い時は一ヵ月に何回もトークイベントをやったし、連載原稿を月に八本も抱えて死にそうになったこともあった。若い頃は、弱さに憧れるほど丈夫だった身体が、寄る年波にあらがえず、倒れたり心が折れたりということもあったが、それも含めた丸ごとが身体と心に残っている。

そしてこの六年の間、以前にも増してたくさんの出会いがあったように思う。未来に向けておもしろいことや楽しいことをどんどんやっていきたい――方向がはっきりしたことで、ぎゅっと集中できたように感じている。

時には「どうしてこうもダメなのだろう」「もう少しできたんじゃないか」と反省することもあったが、良い経験を積むことができたと感謝している。自分が未熟だから、うまくいかないこともあったのだが、上等なワクワクやドキドキをたくさん味わえた。

イベントが終わった時に、「お疲れ様」と言い合ったことや、プロジェクトが立ちいかなくなった時に、「大丈夫、何とかなるよ」と励まし合ったこと。集まってくれたお客さんと一緒になって、トークの最中に笑ったり、熱い質問と答えをやりとりしたり――嬉しかったことは濃い記憶になっている。

とともに、やってみたいことや、ここは無理かもということが、自分の中で少し整理されてきた。ある程度の振れ幅みたいなものが見えてきたのかもしれない。

だからここで立ち止まり、「これからの未来研」について考えたいと思ったのである。めざすところは一ミリもブレてはいないけれど、これからやることを少し絞ろうと考えた。

正解がどれかはわからないものの、まずは私が決めないと周りも困ってしまうので、その思いについて、簡単にまとめてみたい。

さあ、これからどうなっていくことやらだが、それも含めてワクワクしている。

「学校的なるもの」を始めたい！

まずは「カタヤブル学校」というものを始めることに——ひとつテーマのもと、定期的に人が集まる場を作ることにした。

単発のイベントをいろいろとやってみて、一回きりで終わってしまうのはもったいないと感じていた。参加者とのご縁を一期一会《いちごいちえ》にしていたけれど、そのさっぱり感がいいところもあれば、継続的に会うことで、かかわりが広く深くなることもあると思っていた。

一方、さまざまな企業とおつきあいしていると、大半の経営トップは「社員一人一人が豊かな発想を広げ、新しい提案をして欲しい」と考えているが、現場の社員たちは「既存の路線から抜け出せなくて、新しい発想が浮かばない」と悩んだり、「中間管理職が保守的で、新しい提案をしてもなかなか理解してくれない」「必ず成功するという保証はあるのかと聞かれてしまう」と困っている。そこを未来研が少しでも手伝うことができれば、仕事の未来に少しの明るさが見えてくるかもしれない——そんな風に思ったのである。

考えてみると、私の知り合いにはおもしろいアイデアをかたちにしている人がたくさんいる。そういう人たちの話を聞くのもいいし、集まってくれた人たちが、ただ聞くに終わらず、自ら「DO＝実行」に近いことが何かできれば、もっといいと思ったのである。

行き着いたのは、「学校的なるもの」を始めることだった。「学校的なるもの」とあえて言ったのには訳がある。著名なコンサルタントや有識者を講師陣に迎えた学校や、ユニークなワークショップを興《おこ》している学校はたくさんあって、今さら未来研がそこをやっても意味がない。

しかも私は学校というものがあまり好きではない。というか、学校生活においてはかなりハズレものだった。規則に縛られるのが大嫌いな性分で、制服を着なかったことに始まって規則破りばかりしてきたし、堪《こら》え性がないので席に座って講義を聞くのにすぐ飽きる。何事もフラットであることを大事にしているので、教える――教えられるというかかわりにおいて、上から目線で圧迫感がある先生が嫌いだった。

だからあくまで「学校的なるもの」であり「学校」そのものでなくていい。従来の枠組みにとらわれず、この分野では素人の未来研が、少し変わった学校をやってみたらどうかと考えたのである。

そして、どんな思いを込めた「学校的なるもの」をやるのか、チームを作ってブレストを重ねた。いつものように、あれこれ話しながら、骨組みが徐々にできていったのだ。

長年こういう仕事をしてきて感じるのは、ブレストが「意見の発表会」ではなく、「おしゃべり大会」っぽくなり、人の話に対して「それっていいよね」となってくると、良いアイデアが広がっていくということ。一人では思いつかなかった、広がらなかった発想が、自由な空気の中で、人とやりとりすることで出てくるのはおもしろい。

今回もそうだった。「学校名をどうしようか」と話している中で、コピーライターの李和淑さんが、「うーん」と唸りながら「カタヤブルってどうですか?」と発言したのが、良い弾みをつけてくれた。「ちょっと過激だけど、やりたいと思っていることを、うまく表現しているかも。これで決定!」と皆の気持ちがぎゅっとひとつになり、ブレストがまとまっていったのである。

そして、以前からプロジェクトをご一緒してきたスタッフの一人、ジャーナリストの林信行さんが副校長を、私が校長を務めることにした。

学校名は「カタヤブル」

「カタヤブル学校」のコンセプトは、以下のようになった。

会社の枠組みや自分の思い込みにとらわれて、新しい発想が生み出せない。

勉強会で一方的に話を聞くのではなく、
具体的な課題解決に取り組む「実践」を学びたい。

そんな思いを持っている人たちに向けて。

ｉｆｓ未来研究所は「カタヤブル学校」を始めます。

仕事の〝知識やノウハウ〟を詰め込むのではなく、〝センスや勘どころ〟を育て、磨く。

業種や世代もさまざまに、型を破ってきた講師陣を迎え、講師と生徒、生徒と生徒が
語り合うことで、楽しさや創造力が増えていく――そんな学びを目指します。

常識的な型や方法にはまらない。
常識を超えたやり方・考え方に挑戦する。
そんな、カタヤブリな人間が、
これからのカタヤブリを考え、実行してみる学校。

七十名から八十名の生徒を募り、月に一回ペースの授業を、一年間にわたって行うカリキュラムにしたのである。

早速、誰に講師をお願いしようかと考えた。何か基準を作った方がいいのではとか、分野や年代で分けた方がいいだろうとか、いろいろ思いを巡らせたのだが、最終的には、私が「この人はカタヤブリ」と確信が持てる人が一番と行き着いた。なぜなら、「カタヤブリ」には物差しもなければ厳密な定義もできないから。

ひとつだけこだわったのは、いわゆるコンサルタントや有識者といった人にはお願いしないということだった。そういう方々の中にも「カタヤブリ」はたくさんあって、多くの知恵やノウハウを持っているとわかってはいるのだが、「THINK＝思考」とともに、「DO＝実行」までつなげているのは、未来研が大事にしてきたことであり、そこははずせないと考えた。たとえば店をやっているとか商品を作っているとか、「DO＝実行」をしている——講師が手がけている仕事が、最終消費者に近いところで、何らかのかたちになっている人にしようと思ったのである。

とともに生徒たちには、こういう「カタヤブリ」が「DO＝こういう仕事につながった、こういうかたちになった」を含め、それぞれの講師のキャラクターに丸ごと触れて欲しいと思った。たとえばお店に行ったり、商品を使ったりするなど、頭だけでなく感覚を働かせて身体や心で触れて欲しい。そう考えて人選にあたったのである。

カリキュラムも独自の工夫を盛り込んで

また、少し毛色の変わったワークショップができないかと思った。せっかく継続的に集うのだから、一回きりで終わる講座でなく、複数回にわたるワークショップがおもしろくできたらいいと考えたのである。

まず思いついたのは、虎屋とコラボレーションしたワークショップだった。以前からのご縁を得て、未来研サロンの真下に「とらや」がショップを構えている。そこが掲げているテーマのひとつは「羊羹をお召し上がりいただく新たなシーンの提案」――手軽なエネルギー補給や携帯に便利な羊羹の可能性を探ることだった。そして、これがなかなかの難題という話も聞いていたのである。

ならば、学校の生徒と一緒に、その課題に取り組んでみたらどうかと思った。チームを組んで、課題を解決するためのアイデアを練って発表する。実際に使えそうなアイデアが出てきたら、すぐそばに店があるのだから、そこで実験的に試みてみる。ふと思いついたのだが、「これはおもしろくなるかも」という予感があった。

早速、虎屋に話をもちかけたところ、「おもしろいのでご一緒に」ということになり、カリキュラムに組み込むことになった。

そして、博報堂ケトルを率いる嶋浩一郎さんを先生に、三回にわたって、具体的なモノやコトの提案を行う――「カタヤブリ」なワークショップを行うことにしたのである。

そうやってひとつひとつカリキュラムを組み、授業の全容はできあがっていった。そして生徒の募集をかけ、「カタヤブル学校」は昨年九月に開校した。

集まってみると、予想以上に異なる分野の人たちが――大企業に籍を置いている人もいれば、まったくのフリーもいる。学生から中堅どころまで、男女を問わず二十代から五十代まで――意図した通り、幅広い人たちが集まってくれた。

ただ、毎回の授業の中身こそが大切だ。これだけの生徒が集まってくれるのだから、何らかのかたちで役に立つ授業をやっていかなければならない。校長自ら講師と打ち合せをして、どんな講座をどんな風に行うかを話し合いながら進めていくことが肝要だ。

たとえば、ぶっ飛んだ発想をいつも楽しそうに語ってくれるグエナエル・ニコラさんは、「ドルチェ&ガッバーナ」や「モンクレール」など、世界のラグジュアリーブランドのショップデザインを手がけているデザイナー。彼の授業については、生徒に宿題をあらかじめ出しておいて、それを発表しながら、生徒とやりとりすることにしたのである。

テーマは「コンビニにある商品三つを使って自分を表現すること」。そう簡単な宿題ではないと思ってはいたが、生徒にやってもらったところ、普段の仕事の領域で、競合ブランドの商品をピックアップして説明する人もいれば、商品を比喩的に使って自分のキャラクターをアピールする人もいる。それらの発表に対し、ニコラさんは温かく厳しいアドバイスを惜しみなく披露してくれた。

あるいは、強い独自性を持った服作りで、国内はもとより海外からも注目されている「ANREALAGE」を率いる森永邦彦さんは、テクノロジーの先端を取り入れる一方、精緻な手仕事も大事にし、多くの分野とコラボレーションしているデザイナー。過去のコレクションの中から服を十点持参して、それをもとに「自分がいかにカタヤブッテきたか」について語ってくれた。

「〇〇をカタヤブル」という発想から始まり、それをどうやって服に落とし込んでいったかというストーリーは、考え抜くプロセスや、やり尽くすモノ作りなど、カタヤブルを実現するためのエネルギーに満ちていた。

こんな風に、まだ途上にある学校は、こけつまろびつしながら、少しずつ前に進んでいる。

社会人になってから一度も学校というところに行ったことがない私は、真っ直ぐな気持ちで講師を見つめる生徒の顔を目にすると、「自主的に参加するところが偉い」とか「上司に『行ってきなさい』と言われて通うのは大変かも」など、生徒各人の立場に思いを馳せ、何らかのお役に立ちたいと思っている。

そして、もっともっと工夫を重ねなければと、日々、自分を戒めている。それを続けていくことが、未来の道をかたち作るのではと思っている。

日本のライフスタイルを世界に発信！

未来研サロンが入っている「Itochu Garden」は、二〇二一年三月をもって今の建物を壊し、再開発に入ることが決まっている。

新たな施設へ生まれ変わるのだが、二〇二〇年の東京オリンピックは、今のあの場で迎えることになる。これは「ひとつの節目かな」と考えた。というのは、「Itochu Garden」は、外苑前の絵画館に通ずる銀杏並木に面していて、オリンピック期間中、会場に隣接する一等地になるからだ。

新しい国立競技場は着々と完成に向かっているし、周辺ビルの建て替えや新しい店のオープンなど、にわかにかまびすしくなっている。が、今はまだ、楽しくなりそうという空気より、「自社の存在意義をかけて」「自ブランドの最大の発信効果を狙って」という空気の方が勝っていて、少しもったいないと思う。

だから未来研は、少し変わっていて、おもしろいことを企てようと考えた。それも、オリンピックだから大々的な打ち上げ花火を上げるというより、せっかく世界に向けて発信できる場があるのだから、これを使わない手はないという、軽やかでやわらかい思いを大事にしたい。立地の良さを最大限に活かし、未来研がやりたいと思うこと、やれることを、最も良いかたちで表現し、それが多くの人に伝わったらいいと思う。

まだまだ妄想のレベルだが、オリンピックの時に、こんなことができたらいいというアイデアの断片みたいなものはあるので、それを「未来研のこれから」のひとつとして挙げてみる。果たして実現するかどうか、乞うご期待です！

ひとつは、日用品を通じて日本の暮らしを表現していくということ。

二〇一一年、未来研を立ち上げる前のことだが、クールジャパンプロジェクトの一環として「365」というプロジェクトを手がけた。伝統技が込められた工芸品から大量生産された工業品まで、日本の日常の中で使われている物品を三百六十五個集め、一堂に会して販売するプロジェクトだった。パリを皮切りに、青森、東京の三都市で開催したのである。

どうしてそんな面倒くさいことをやったかというと、手仕事や工芸に限らず、日本の日用品はとても優れている、もっと言えば、それらを使っている日本のライフスタイルはチャーミング――そんなメッセージを発信したいと、ずっと前から考えていたから。つまり、ものとしての良さだけでなく、作り手の思いをわかってもらい、使って欲しい。そうすることで、モノ作りの良さとともに、「それを使う暮らしっていい」と感じて欲しいと思ったのだ。

発想は良かったのだが、三百六十五種類もの日用品を選び、展示・販売できるように作り手と交渉する。ものに込められた技や使い方に触れた写真入りのカタログを、日めくりカレンダーを模し、薄紙を束ねたデザインに仕立てる。展示・販売会場は、三都市とも三百六十五枚のお皿を宙に浮かせて並べる空間にする――限られた時間の中で、やらねばならないことが山ほどあり、どれもが難航した。

ただ、チームの皆は惜しみなく力を注いでくれた。最初のところで思いをひとつにしたことが、かたちにするまでの険しい道のりを越えていく大きな助けになったのである。その甲斐があって、パリはもとより日本でも、割合と反応が良かった。

このプロジェクトは、継続的に行いたかったのだが、クールジャパンの助成金が出たのは一年限り。それに代わるお金を調達することができず、涙をのんだ思いがある。

この「365」プロジェクトを、もう一度かたちにしてみたい。それも、以前と同じ形式ではなく、これからの時代に沿ったものにして、どこかに実験的な要素も盛り込みたいと思っている。

再びチームを組んで、皆で知恵を出し合い、心身を動かしてやってみようと考えると、かなり嬉しい気分になる。

コラボで行う未来のライフスタイル提案

もうひとつやりたいのは、さまざまな企業が、クリエイターや企業とコラボレーションして、実験的なライフスタイルの提案を行っていくこと。

「その未来に、私はいますか。」が、未来研が掲げているテーマなのだから、ハイテクな技術が満載された未来の暮らしというより、その空間で過ごしてみると、五感を通して楽しさや豊かさが伝わってくる——そんな魅力ある未来の暮らしが作れたらいい。つまり私自身が、チャーミングな毎日を過ごせそうと実感できる暮らしを、企業やクリエイターと一緒に作ってみたいと想像を広げている。

二章でも触れたように、未来研の行ってきた活動は、企業とクリエイターを結びつけて、何らかの店や商品に仕立て、世の中に発信していくこと。立ち上げて四年が経ち、異なる分野の企業と組むことや、クリエイターとさまざまな試みを行うことは、随分と広がっているし、そこから新しいモノやコトが起き始めてもいる。

だからこそ、その動きをもっとおもしろくするような、とんでもないコラボレーションをしたり、優れたクリエイターの発想を現実のものにしてみたい。何ができるのだろうかと、自分でも興味津々だから――そしてそれを、断片ではなく、生活丸ごとのかたちにして、提案できたらおもしろいと思っている。

ただ、私がやるからには、ファッションの要素を入れることもはずせない。ここ数年、「断捨離」や「○○着だけあれば大丈夫」といったフレーズをよく耳にする。が、ファッションが持っている楽しさとは、最少のアイテムを賢く着回すことでも、ハイテク機能で身体を包むことだけでもないと思う。

そもそもファッションとは、身に着けた時の気分や心地を大きく変えてくれるものであり、「自分はこういう人」という自己表現のひとつになっている。そこを踏まえた上で、未来に向けてファッションが担う役割について、少し真面目に考えていきたいと思うのだ。

そしてそうなった時の未来研を訪れてくれるのは、日本以外の国の人も含めた老若男女。へえーっと驚いてくれたり、わーっと笑みを浮かべてくれる。そんな場ができればいいと考えている。

未来のことを考えるのはいつだって楽しい。

そして私には、リアルな場があり、いくばくかの可能性はあるのだからやってみよう！とは言いながら、いつものようにジェットコースターのように上がったり下がったりの珍道中になっていくだろうし、「こんなはずじゃなかったのに」とグチグチしている自分の姿が見え隠れしてもいる。

でもきっと、それも含めたまるごとの経験が、おばあさんになった時に「しあわせな記憶」になるのだと思う。そして、一緒にやっていく仲間たちや、応援してくれる人たちにとって、「変てこりんな川島とおもしろい経験ができた」という記憶になってくれたら心からありがたいのである。

おわりに

スタート時点で「どうなっていくのだろう」とちょっとワクワクした「ｉｆｓ未来研究所」。六年という歳月は、決して短いものではありません。が、こうやって振り返ってみると、あっという間のことだったと感じます。

新しいことを実験的にやってみる——お手本があるわけではないので、「未来研」が行ってきたのは、道を探りながら前に進めていく仕事ばかり。道中でさまざまな課題が起き、時に頭を抱えて悩み、途方にくれたこともあったと、思い出がまざまざとよみがえってきました。

予想外の課題が出てくるのは当たり前なのですが、その度に「まいったなぁ」と思ったことが何度あったことか。

そんな時に、チームで仕事していて、あるいは組織に所属していてありがたいと感じるのは、「大丈夫だよ」「何とかなるよ」と励まされ、一緒に知恵を出し、策を練っていけること、そういう仲間がいたことです。一人では到底できないことが、人とかかわることで動いていくおもしろさは、「未来研」を立ち上げてから実感してきたことです。

そして、課題を何とか乗り越え、かたちになった時「うまくいって良かったね」と言い合えるのは、もっとも嬉しい瞬間。みんなで握手、みんなでハグし合う――そういう場面があるから、この仕事を続けてこられたのだと思います。

とともに、仕事を依頼された企業の方から、あるいはイベントに参加してくれた方々から、「一緒に仕事して良かった」「おもしろかった」「役に立った」と言ってもらえたことも、私の中で濃い記憶になっているのです。

そうやって積み重なってきた記憶は私にとっての大きな財産。これからも少しずつ積み重なり、密度を増していけたらと思います。

本書を作るにあたり、多くの方々の助けを得ました。まずは、ここに記載させていただいたプロジェクトでお世話になった方、応援してくださった方に深く御礼を申し上げます。

また、この本自体も、チームの力でできたもの。素敵なアートディレクションをしてくれた若山嘉代子さん、メッセージのページデザインを手がけてくれた渡邉良重さん、チャーミングな書籍に仕上がった嬉しさでいっぱいです。そして、きめ細かい編集を伴走してくれたポプラ社の倉澤紀久子さんにもお世話になりました。ありがとうございました。

川島蓉子

川島蓉子 かわしま・ようこ
1961年新潟市生まれ。早稲田大学商学部卒業、文化服装学院マーチャンダイジング科修了。伊藤忠ファッションシステム株式会社取締役。ifs未来研究所所長。ジャーナリスト。日経ビジネスオンラインや読売新聞で連載を持つ。著書に『TSUTAYAの謎』(日経BP社)、『社長、そのデザインでは売れません!』(日経BP社)、『ビームス戦略』(PHP研究所)、『伊勢丹な人々』(日本経済新聞社)、2018年10月の新刊『すいません、ほぼ日の経営。』(日経BP社)などがある。1年365日、毎朝、午前3時起床で原稿を書く暮らしを20年来続けている。

写真　鈴木愛子(P132-P216)

未来のブランドのつくり方

2019年6月10日　第1刷発行

著者　川島蓉子
発行者　千葉 均
編集　倉澤紀久子
発行所　株式会社ポプラ社
〒102-8519 東京都千代田区麹町4-2-6
電話　03-5877-8109(営業)
03-5877-8112(編集)
一般書事業局ホームページ　www.webasta.jp

印刷・製本　中央精版印刷株式会社

N.D.C.675/239p/19cm/ISBN978-4-591-16305-4

P8008242